不動産・住宅のプロが教える！

あなたの住まいの震災対策Q&A

不動産コンサル21研究会 編著

清文社

■まえがき

　2011年3月11日に起きた東日本大震災では、専門家だけでなく日本人全体が多くのことを学びました。「想定外」のひと言で終わらせてしまっては何の進歩もありません。だからといって、数百年に一度と言われる災害に対して、どの程度の対策を施すべきなのかは、さまざまな要因が複雑に絡んで、大変難しい問題です。

　ひとつ言えるのは、自然災害に限らず、さまざまな災害に対する備えは、他人まかせにせず、自分でできる範囲で行うということです。欧米には、あたりまえすぎて「自己責任」という言葉はない、と聞いたことがあります。一方、われわれ日本人は、他人の軽率な言動には自己責任という言葉を使いつつ、自分のことについてはそれを回避する傾向がある気がしてなりません。

　自然災害は、誰もがその被害をこうむる可能性があります。マスコミ等で報道された被災者の姿は、すべての日本人にとって「明日はわが身」といってよいでしょう。東日本大震災では数多くの生死を分けた場面があり、助かった人たちの行動等が検証され、今後の震災対策に活かされようとしていますが、単に運がよかっただけではなく、とっさの自己判断が適切だったから助かった人も少なくありません。救いようのない状況のなか、積極的に行動した人たちの姿から私たちが学ぶことはさまざまあると思います。

　重要なのは、普段からどのような対策をとっておけば安心・安全なのか、震災に遭遇してしまった場合、どのように行動すれば安心・安全なのかということです。

　先日、東京大学地震研究所の研究チームが、今後4年以内に首都圏でマグニチュード（M）7級の直下型地震が70％の確率で発生するという研究結果を発表しました。人口1,300万人の東京都民はもちろん、日本の人口の3分の1が集中している首都圏に住む人びとにとっても、早期の震災対策の整備が求められているのです。

農耕民族のDNAの影響なのか、日本人は蓄財を好むと言われており、高齢者を中心に、金融および不動産の蓄財は合わせて2,800兆円とも言われています。このうち震災とかかわりが深いのが、自宅住居をはじめとする不動産資産です。木造の一戸建てに住んでいるが大地震がきても大丈夫なのか、マンション住まいではどうか。万が一、住居が崩壊してしまったらどうなるのか、震災に備えていま何をしておくべきなのか、とりわけ高齢者はどのように備えればよいか等、さまざまな疑問や心配事がわいてくることと思います。

　本書は、こういった震災時の不動産・住宅に関する疑問に対して、Q&A形式により、各分野の専門家が答えています。執筆に際しては、なるべく難解な用語は使わず、一般の読者が理解できるよう心がけたつもりです。

　本書は1ページ目から順に読んでいただく必要はありません。まずは目次に目を通していただき、読者の居住環境に合ったQ&A、あるいは関心がある項目・キーワードを含むQ&Aを選んで読み進めていただければと思っています。

　巻末に、本書の内容をまとめたチェックリストを掲載しました。このリストにより、震災対策がどこまでできているのか、何が足りず、どこまで対策すればよいかなどが、明確になると思います。

　本書を活用していただくことで、来るべき大震災に対して万全の準備ができ、住まいの安全、ご家族の安心、近隣の方との連携等に役立てていただければ幸いです。

　最後に、本書の出版にあたり、清文社の村本健太郎氏には多大なご協力をいただきました。この場を借りて感謝申し上げる次第です。

2012年2月11日

不動産コンサル21研究会代表　秋山　英樹

不動産・住宅のプロが教える！
あなたの住まいの震災対策Q&A　目次

まえがき

第1章　戸建て住宅を守る

1　土地を守る

- Q1　地震が起きるとそのまま住めないと言われた土地……2
- Q2　住んでいる土地がどのように使われていたか調べたい……4
- Q3　土地を測量することが地震対策につながるのか……6
- Q4　測量を安く効果的にできる対策はあるか……8
- Q5　固定資産税が課税されている土地の面積が実測と違う……10
- Q6　地盤のよしあしによって不動産価格は変わるか……12
- Q7　地盤の安全性には基準があるのか……15
- Q8　液状化した土地としなかった土地……17
- Q9　傾いた状態の建物に住むとどういう影響があるか……20
- Q10　木造住宅の地盤調査はどこまでやればいいのか……23
- Q11　木造住宅の土台は安全か……25

2　建物を守る

- Q12　新耐震基準だから安心とはいえない木造住宅……29
- Q13　自分でできる耐震診断──木造住宅……31
- Q14　家の中は危険がいっぱい──生存空間を確保するために……33

- Q 15 住まいの電気・ガスの安全確認は ……………………… 35
- Q 16 一歩進んだ耐震対策──家庭用蓄電池、雨水利用 ……… 37
- Q 17 建物（土地）の権利証が見つからない ………………… 40

3 コミュニティを守る

- Q 18 近所づきあいがあなたを守る ……………………………… 42

4 税金・保険・ローン対策

- Q 19 耐震改修等をしたときの税金優遇規定は ……………… 44
- Q 20 震災により損害を被った場合の税金の減免制度は …… 46
- Q 21 東日本大震災により制定された臨時特例法は ………… 48
- Q 22 地震保険に加入しているメリットは …………………… 52
- Q 23 地震保険以外の震災に関係する保険は ………………… 56
- Q 24 住宅ローン返済中に震災に遭った場合は ……………… 58
- Q 25 震災で倒壊した建物に借入金が残っている場合は …… 60
- Q 26 震災後に住宅を再建する場合の融資制度は …………… 62
- Q 27 震災後に住宅を再建する場合の融資以外の支援制度は … 64
- Q 28 震災に遭った場合の公的支援および経済的支援は …… 66

第2章 分譲マンションを守る

3 土地を守る

- Q 29 マンションの土地は測量が済んでいるのか …………… 74
- Q 30 分譲マンションの地盤は安全といえるのか …………… 76
- Q 31 マンションの土台は安全か ……………………………… 79

2 建物を守る

- **Q32** 新耐震基準だから安心とはいえないマンション …………81
- **Q33** マンションの耐震性を確かめる方法 ……………83
- **Q34** 震災時に頼りになる管理組合とは ……………85
- **Q35** 震災時に頼りになる管理会社とは ……………87
- **Q36** 震災に遭った分譲マンションの補修や建替えは ……………89

3 コミュニティを守る

- **Q37** 同じマンションの住人をもっとよく知ろう……………91
- **Q38** 高齢者のマンション生活術──日頃からできる準備 ……………93

第3章 賃貸経営を守る

1 経営を守る土地対策

- **Q39** 測量済みで境界杭も入っているが──その他の対策 ……………96
- **Q40** 賃貸住宅の土台は安全か ……………98

2 経営を守る建物対策

- **Q41** 大地震時に不安な鉄骨建物とは ……………100
- **Q42** 賃貸住宅の耐震性を確かめる方法 ……………102
- **Q43** 震災で修理や建替えが必要な場合は ……………104

3 人を守る経営

- **Q44** 入居者のことをよく知ろう──入居者を知り合いにする ……………106

- Q 45　高齢者と若い世代をペアにした新賃貸経営のすすめ …………108
- Q 46　管理会社に求められる高齢者ケアとは …………………110
- Q 47　高齢者にやさしい高付加価値賃貸住宅で収益アップを ………112

4　経営を守る税金・ローン対策

- Q 48　震災後に収益不動産をどう評価したらよいか …………114
- Q 49　震災時に頼りになる収益不動産の管理会社とは …………117
- Q 50　事業者が損害を被った場合の税金の減免制度 ……………119
- Q 51　震災に遭った賃貸住宅に借入金が残っている場合は ………121

第4章　いのち・財産を守る

1　いのち・財産を守る土地対策

- Q 52　測量の適正な価格は …………………………………………124
- Q 53　不動産登記と地震対策 ………………………………………126
- Q 54　借地でも測量したり面積を知っておくべきか ………………128
- Q 55　危険性の高い土地は今後どうなるのか ……………………130
- Q 56　不同沈下、液状化とは──その対策は ……………………132
- Q 57　利便性は高いが液状化のリスクがある土地 ………………136

2　いのち・財産を守る建物対策

- Q 58　建物診断はどこに依頼すればいいのか ……………………138
- Q 59　震災は不動産需要にどのような影響を与えるのか ………148

3 | 高齢者のいのち・財産を守る

- **Q60** 災害時の高齢者にとってお金より大切なものとは …………145
- **Q61** 意外と知らない親のこと——親の人間関係を把握する …………147
- **Q62** 高齢者にとって重要なのは日頃の近所づきあい …………149
- **Q63** 災害時には元気な高齢者のほうがあぶない …………151
- **Q64** 知っておきたい高齢者のよろず相談窓口 …………153

4 | 相続財産を守る

- **Q65** 東日本大震災で変わった相続対策——個から絆へ …………155
- **Q66** 家族のためにあらかじめ遺言書を作成しておく …………158

5 | いのち・財産を守る予備知識

- **Q67** 震災に備えて日頃から心がけておきたいこと …………160
- **Q68** 震災に備えて何を準備すればいいのか …………162
- **Q69** 大地震が起きたときに覚えておきたいこと …………168
- **Q70** 震災時に自宅の被害状況を把握するためには …………172
- **Q71** 震災で自宅に住めなくなった——防災集団移転促進事業 …………177
- **Q72** 大震災がもたらす経済停滞リスクを知っておく …………179
- **Q73** 借地・借家に住んでいて震災に遭った場合は …………181
- **Q74** 持ち家のリスクと賃貸のリスク …………183

付録 震災対策チェックリスト　185

第1章

戸建て住宅を守る

1 土地を守る

Q1 地震が起きるとそのまま住めないと言われた土地

地震が起きると今までのように住めないと言われました。そのような土地は本当にあるのでしょうか。

A

①海抜0メートル付近地域、②道路が狭い狭小地（狭い土地）、③木造密集地域、④建物の密集した駅付近地区、⑤急傾斜地付近の土地、⑥地図混乱地域についてはその可能性が高いです。

解説

土地の境界は国境と同じ

　地震による建物の倒壊は大きな問題ですが、土地に対するダメージもより深刻です。ここでは、土地の境界という視点からみてみます。たとえるなら「国境」をイメージしてみてください。

　国境の紛争は戦争の原因になるほど深刻なものです。その理由は資源支配権にもとづいています。実は個人間の境界紛争も似ています。現在当然の権利とされている「所有権」はとても強い支配権で、所有者の許可なくその土地に入ること、利用することはできません。国でさえ権利を守ることに努めていますが、侵すことはできません。

　地震はその境界線に大きな打撃を与え、権利に混乱と問題を引き起こすのです。そしてその問題は、おおよそ3つの類型に分類できます。

問題1：権利が消滅するケース

　土地が地盤沈下して海水下になると、法務局の登記の上では「公有水面」といって理論上では個人の所有ではなくなります。ただし、現実問題として強制的に国の財産に帰属するわけではありませんが、利用できなくなってしまいま

す。事実上権利が消滅してしまうのです。

問題２：街並みをまったく新しくする

　道路が狭かったり、木造密集地で火災が発生したり、津波で大きく被災した地域では、新しく街の区画をつくり直すことも多いのです。その場合には、土地の面積の減少や、まったく違う場所へ移動することが必要になることもあります（Q39参照）。

問題３：境界が不明になり復元が難しくなるケース

　地震による境界の移動や、火災や建物構造物倒壊により境界が不明になった場合、あるいは土地が液状化して区画が不明になると、復元しなくてはなりません。しかし、境界杭がなかったり見つからないなど、土地を復元する資料がない場合は復元不能になり、長い話し合いが必要になります。

それぞれの地区の問題

　問題１の地区は、①の海抜０メートル付近地域です。問題２の地区は②道路が狭い狭小地（狭い土地）、③木造密集地域、④建物の密集した駅付近地区です。問題３の地区は⑤急傾斜地付近の土地、⑦地図混乱地域です。特に⑦はあまり聞きなれない地区ですが、法務局にある土地の地図＝公図と現実の区画がかけ離れて違っている地区です。この地区は土地の境界が不明の個所が多く、すでに混乱している地区です。住まい付近の道路が細く曲がりくねっていたり、土地の区画がいびつな場合には、その地域に指定されているかもしれません。一度、法務局に尋ねてみるとよいでしょう。

　複合的に問題のある個所はさらに危険です。木造密集地でなおかつ土地が狭い地区、また、道路が曲がりくねっており地図も混乱している地域、海抜０メートル地帯で建物の密集した駅付近の地区などです。

Q2 住んでいる土地がどのように使われていたか調べたい

海沿いに限らず液状化現象があることが報道されていますが、いま住んでいる土地が住宅になる前の利用状態を、自分で調べることはできますか。

A

2つの方法で調べることができます。①法務局に行き、登記簿と土地台帳を調べる方法、②インターネットの航空写真サイトを利用する方法です。

解説

水関係には要注意

　戦後から高度経済成長やバブル経済を経て現在に至っても、住宅用に適さないはずの土地の多くに建物が建築されています。住宅用ではない土地とは、田、池沼、河川、用悪水路など以前水関係に利用されていた土地が多いのです。どうやって調べればよいのでしょうか。まずはご自分のお住まいの不動産の内容を知ることができる法務局に行ってみます。そして航空写真サイトで以前の利用状況をみてみましょう。

法務局での調査

　法務局には不動産の戸籍といえる登記簿があって、誰でも料金を払えば取得することができます。そこに「地目」といわれる土地の性質を登録してる項目があります。たとえば宅地や畑です。地目には法律で決められた23種類があります。地目の中でも特に水に関係するものが地盤に影響します。具体的には、田、池沼、運河用地、用悪水路、塩田、鉱泉地、水道用地、ため池、堤、井溝です。現在の登記簿ではわからないときは受付窓口に相談しながら、さかのぼっていくことができます。コンピュータで閉鎖登記簿を取ることができます。昭和40年前後に書き換えられて閉鎖された土地台帳まで、無料で取得できます。

航空写真サイト

　国土交通省の航空写真のサイトでは、無料で昭和 20～40 年代から現在までの土地の利用状況を航空写真で確認できます。

　手元に自宅付近の地図などを用意し、見比べながら調査します。幹線道路や河川など昔から変わらないポイントを見比べながら拡大し、自分の住む場所が以前はどうであったか、あるいはその地区がどのように使われていたかを確認できます。

水関係以外で注意する個所は

　航空写真では思わぬことがわかることもあります。以前は工場用地で、廃棄物を集積していた様子であったり、化学薬品を大量に利用していた個所もあります。ほとんどの土地は住宅地にする際に土壌を調査し、改良してありますが、心配なら仲介した不動産会社に尋ねてみるとよいでしょう。

　また、急傾斜地での高い土留め、擁壁工事をしている個所は注意しなければなりません。崩落危険個所に指定された区域や、土留め・擁壁が古ければ、都道府県市町村がマークしているところも多いので、役所に相談してみましょう。

自分には難しいと思ったら

　法務局調査は、土地家屋調査士に依頼すれば詳細な調査が可能です。航空写真を利用していない土地家屋調査士もいますので、その旨を確認してから依頼をするかどうかを決めましょう。調査の結果、問題があり対策を講じたい場合には、本書に書かれているさまざまな解決方法を参考にしてください。

Q3 土地を測量することが地震対策につながるのか

現在、お隣との間にトラブルもなく住んでいます。測量をすることが地震の対策になるのですか。

A

測量は大切な対策です。隣接や道路との関係がある程度はっきりしている、あるいはトラブルがないということは、基本的に対策されている可能性が高いといえますが、地震対策として測量する価値は十分あります。

解説

土地の境界は基本

　土地の境界は、国と国との国境にあたり、不明になると深刻な紛争の種になることもあります。地震で塀や家屋が倒壊して、新たに構造物を建築する場合には、境界の場所を確認するために現地立会いを必要とします。建物を建てるために利用されている土地は、建築基準法で4メートル以上の幅の道路に2メートル以上接している必要があります。トラブルなく利用しているということは、境界が決まっていることと同じではありません。実は、境界が明確でないまま住んでいるケースはとても多いのです。

境界が明確な土地と不明確な可能性のある土地

　お隣や道路との関係がはっきりしていれば、基本的には以下の場合には対策は十分といえるでしょう。ただし、昭和60年より前の測量については、測量技術の関係で、必ずしも正しい面積が表示されているとは限らないので、再度の調査をお勧めします。

① 国や地方公共団体によって測量をした土地
② 土地地積更正登記（Q5参照）や土地分筆登記（Q29参照）をした土地

③　土地を売買にて取得して隣地承諾書のある土地

　①については、国土調査、地積調査、土地区画整理、市街地再開発等の事業があります。対象地区であったかどうかを知りたい場合には、市区町村役場に問い合わせればわかります。

　②については、上記の登記をした過程で、お隣や道路管理者と立会いを行っており、法務局に図面が残っていれば、それを入手すれば十分です。

　③については、売買時点で売主から買主に隣地承諾書が渡されているはずです。この書類が手元にあれば、測量は済んでいるといえます。

測量の種類と性質

　測量といえば「測るだけ」というイメージがありますが、土地家屋調査士の行う調査は「境界確定（確定測量）」という作業で、それぞれの境界がきちんとしているかを徹底して調査します。他に「現況測量」といって、現状をあるがままに測る方法もあり、こちらは安価です。可能であれば「境界確定」をすることをお勧めします。

　測量は時間が経てば境界が亡失したり、移動するリスクが上がるという性質があります。場合によっては現状に矛盾が生じることも（隣接の境界の考え方が違う）ありますので、心配ならば専門家に相談することをお勧めします。

以前と現在の測量機材・方法の違いと進歩

平板測量：10mで数cmの誤差（以前）

光波測量：100mで数mmの誤差（現在）

Q4 測量を安く効果的にできる対策はあるか

測量を依頼したところ、50万円とか100万円もかかると言いました。もっと安く効果的にできる対策はありますか？

A

あります。まずは敷地の境界に杭があるか見てみましょう。次に、図面があるかどうか調べてみて、何の資料も見つからない場合には、専門家に簡単な測量を依頼しましょう。

解説

自分で調査する

まずは自分の敷地に境界杭があるかどうかを調査するだけでもよいでしょう。塀はどちらの費用で建てたのか、付近にはどのような構造物があるか等を写真やスケッチで残しておくことも大切です。もしお隣の方と境界のことについて話ができるようなら話し合っておくこともお勧めします。以前に測量図面がある場合でも今あるかどうか確認することは重要なことです。

敷地の測量図面があるか調べる

10年以内の測量図面と隣地承諾書があればそれでもう十分です。そうでない場合には、まず敷地の測量図面があるか調べてみましょう。手元に法務局の証明印のある地積測量図があればその資料も重要です。ない場合でも建物を建築したときの確認通知書があり、図面が残っていれば参考になりますが、正しいとは限りませんので注意してください。法務局で登記事項証明書を取得して自分の土地の面積を確認しましょう。証明発行と同時に地積測量図があるかどうかを確認し、あれば入手しておきましょう。

登記事項証明書には「表題部」といわれる部分があり、その中に「適用欄」

があります。そこに「換地処分」「公有水面埋立」という言葉があれば、市区町村役場に測量図があり、入手できることがありますので、問い合わせてみましょう。

専門家に調査や測量を依頼する

　土地家屋調査士は境界を調査・測量して所有権の保全のための書類を作成する専門家ですから、自分の調査では不十分だと思う場合には、調査を依頼します。徹底した調査では数十点にも及ぶ資料が出てくる場合があります。埋まってしまった境界杭の掘削調査なども依頼できます。

　次に測量を依頼します。まずは現在の状況をそのまま測量してもらいます。これを「現況測量」といい、比較的安価です。これに対し、正式に境界を決めていく「確定測量」は、隣接や道路管理者との立会いを行うことになりますので、煩雑かつ高価な手続きとなります。現況測量は、通常の200m^{2}までの敷地では1日以内に終わり、概略把握できます。大きなトラブルがなく完了すれば、10万円程度で行うことができます。

高額であっても理由があれば手続きを

　地図混乱地域（Q1参照）などでは、現況測量以上の測量を勧められることがあるでしょう。あるいは土地によっては境界杭の埋設や、隣接との問題を指摘されることもあります。そのようなときは、十分に検討して、必要であれば土地家屋調査士に詳細な測量を依頼することをお勧めします。その場合は土地地積更正登記（Q5参照）を行うことが多いようです。医者にセカンドオピニオンがあるように、心配であれば他の土地家屋調査士に相談してもよいかもしれません。たとえ多額な出費を要しても、境界をきちんと決めておくことは、将来に対する大切な備えになるのです。

Q5 固定資産税が課税されている土地の面積が実測と違う

固定資産税が課税されている土地の面積と、実際に測った面積が違うようです。このままでよいのでしょうか。

A

日本の土地の半数近くが、課税対象面積よりも実際に測った面積のほうが広いとのことです。そのままでよいかどうかは、ケースによります。

解 説

なぜ面積が違うのか

　課税されている土地の面積は、法務局に登録されているものと同じです。この面積は、明治時代の地租改正のときに測られたものから最近のものまで、土地によって登録された年代が違っています。古い時代のものほど、相違は大きく、20年以内であればほぼ同一です。登録される面積は税金を支払う対象ですから、明治時代には過小申告していることが多いのです。もしその面積を訂正する場合は、原則、本人が手続きを行うことになります。

課税面積を実際の面積に訂正する場合

　課税されている土地の面積と実際の面積が違う場合、訂正することのメリットとデメリットを考えてみましょう。

① 訂正する場合のメリット
- 本来の正しい面積が反映される
- 面積が減少する場合には固定資産税が安くなる
- 法務局に図面が永久保存され、震災等のあと元に戻しやすい

② 訂正する場合のデメリット
- 訂正の申請（「土地地積更正登記」という）の費用が高額
- 面積が増加する場合には固定資産税が高くなる

面積を訂正しない場合

　土地地積更正登記は費用が高額ですので、まず申請するかどうかを検討しなければなりません。近年売却した等の理由で、手元に測量図面と隣地承諾書があれば、必ずしも申請する必要はありません。また誤差が非常にわずかである場合（たとえば150m^2の土地で1m^2程度）も必要ないでしょう。

震災対策と土地の面積

　法律の観点からは「更正登記」という手続きには申請義務はありません。しかしながら、この申請をすることで法務局に永久保存の図面を残すことになりますので、震災対策という観点からは非常に有効です。地震により境界線が不明となっても、登記後の土地であれば守られるべき面積や土地の形がすぐにわかります。特に、地震で大きな被害があり、土地の区画を整形する事業（土地区画整理事業、市街地再開発事業）の対象地となった場合には、正しい面積が反映されている土地はスムーズに事業に参加することができるのです。

　また、課税面積と実測面積が同一であるということは、登記制度本来の目的として、今後の土地取引がスムーズにできるといえます。近隣との境界について問題がないことの証ですので、買う側からも安心です。可能な限り手続きをしておくべきといえるでしょう。

Q6 地盤のよしあしによって不動産価格は変わるか

東日本大震災による液状化現象の被害がマスコミで取り上げられましたが、地盤のよしあしによって、不動産の価格は変わるのでしょうか。

A

震災前まではあまり問題視されていませんでしたが、今後は地盤のよしあしによって不動産の価格に大きな差が出てくると思われます。不動産を購入する場合には、事前に敷地やその周辺の地盤を調査することをお勧めします。

解説

不動産の価格は何で決まるのか

　不動産の公的な価格としては「路線価」「公示価格」「基準地価」「固定資産税評価額」の4つがあります。路線価は国税庁が毎年1月1日時点の土地を評価し、同年7月に発表します。相続等により取得した財産に係る相続税および贈与税を評価する場合に適用するもので、公示価格の8割を基準としています。

　公示価格は国土交通省が1月1日時点の、また基準地価は都道府県が7月1日時点の土地の評価を行うものです。土地の適正な価格を判断する目安とされており、土地本来の価格を示す更地として評価され、それぞれ約2か月後に公表されます。

　路線価は一定の距離をもった道路（路線）に対してm^2単価を表示するため、敷地の個別要因を反映していませんが、公示価格と基準地価は特定の地点の土地を評価します。

　固定資産税評価額は固定資産税、都市計画税、不動産取得税などを算定する場合に用いるもので、市区町村等の固定資産税台帳、補充課税台帳などに記載

されており、3年ごとに見直しが行われます。固定資産税評価額は公示価格の7割を基準に決定します。しかし、これらの価格には地盤のよしあしは反映されていないのです。

不動産価格は実際にはどうやって決まるのか

　実際の不動産の価格は個別要因が多く、一概にはいえませんが、景気がよくてお金が市場にあふれると価格が上がり、逆に不景気になり世の中に流通するお金が減少すると価格は下がります。またマイホームを購入したい人口が多ければ価格は上がり、少なければ下がります。現在の日本は少子高齢化で持ち家の1次取得者層といれる人口そのものが減少しているため、1980年代前半から1990年代初頭まで続いたバブル景気が崩壊した以降（1988年が最盛期といわれています）は、多少の上下動はありますが、不動産価格は一貫して右肩下がりになっています。

地盤改良にお金がかかれば土地代は下がる

　たとえば、建売業者が土地を購入する場合、住宅の販売価格が同一の場合、地盤が悪ければその分建物の基礎にお金がかかりますので、土地を安く買わなければ採算が合いません。収益不動産を建設する場合であっても、立地等の条件が同じで同額の賃料しか取れない場合、基礎に余計なお金がかかるのであれば、その分土地を安く購入する必要があります。

　すでに建物が建っている場合も、少なからず影響が出ます。木造住宅は2000年の建築基準法の改正により地盤を調査したうえで地盤のよしあしにより基礎の構造を変えることになっていますが（**Q10**参照）、首都圏の湾岸エリアでは、液状化により、インフラが寸断され、数週間にわたり不便な生活を強いられた事例が多数出ています。このように、たとえ個別の建物自体が地盤改良工事等により安全であったとしても、生活インフラが寸断される可能性が高い、液状化発生の危険性が高い、または過去に液状化が発生した軟弱地盤は、不動産の購入が敬遠される傾向にあります。

　住もうとする人がいなくなれば不動産取引は減少し、その結果、不動産価格は下落するのです。

1　土地を守る　　13

地盤を調査する方法

　市区町村によってはハザードマップで液状化のおそれが高い地区を表示しているところもあります。民間の大手地盤調査会社でも主要都市の地盤をホームページ上で公開しており、おおよその目安をつけることができます。登記簿謄本で表題部の土地の種類が「田」になっている等の場合は注意が必要です。現地調査を行う場合には、道路や敷地に波打った状態があったり、電柱やブロック塀等が傾いている場合にも注意が必要です。「葦」や「九輪草」といった湿地帯や水辺を好む草木によっても、ある程度地盤の予測は可能です。近隣で建築工事が行われていれば、建築のお知らせ看板で周辺の地盤の概要がわかりますし、最寄りの地方自治体の建築指導課でボーリングデータを見せてもらえる場合もあります。

　不安な場合には、不動産を販売している不動産業者や売主等に敷地についてより詳しい内容を説明してもらったり資料を提出してもらい、場合によっては専門家にそれらの資料を見せて、より詳しい説明を受けられることをお勧めします。

需要と供給のバランス

　通常生活するには何も問題がなくても、大地震による液状化現象や築年数の経過により建物が傾く等の現象が起こり、軟弱地盤のリスクが表面化することになります。

　その結果、それらが発生した地域や地区で不動産を購入しようとする人は減少し、需要と供給のバランスが崩れ、不動産価格は下落することになります。

Q7 地盤の安全性には基準があるのか

震災後、地盤のよしあし等については話題に上がりますが、地盤の安全性に何か基準はありますか。

A

国や公的な団体等が「基準」や「指針」を公表しており、軟弱地盤に建物を建設する場合について注意を促しています。また、国土交通省は全国のハザードマップをホームページ上で公開しています。

解 説

国の定めた基準

　国土交通省（旧建設省）では、下記のように地盤が著しく軟弱な区域の基準（※1）を示しています。

地盤の分類	判断基準	建設省告示第1793号
よい・普通の地盤	岩盤、硬質砂れき層その他主として第三紀以前の地層によって構成されているものまたは地盤周期等についての調査もしくは研究の結果に基づき、これと同程度の地盤周期を有すると認められるもの	第1種地盤
やや悪い地盤	第1種地盤および第3種地盤以外のもの（30ｍよりも浅い沖積層で、埋立地および盛土地で大規模な造成工事（転圧・地盤改良）によるもので、宅地造成等規制法・同施行令に適合するもの）	第2種地盤
非常に悪い地盤	腐植土、泥土その他これらに類するもので大部分が構成されている沖積層（盛土がある場合においてはこれを含む）で、その深さがおおむね30ｍ以上のもの、沼沢、泥海等を	第3種地盤

1　土地を守る　15

埋め立てた地盤の深さがおおむね3m以上であり、かつ、これらで埋め立てられてからおおむね30年経過していないものまたは地盤周期等についての調査もしくは研究の結果に基づき、これらと同程度の地盤周期を有すると認められるもの

その他の基準

　財団法人日本建築防災協会の指針では、非常に悪い地形の分類として、「液状化地盤」「崖地（隣地を含む）」「造成地（すべり、沈下）」の3つに地形を分類して、それぞれの判断基準を示しています。

　国土交通省は全国のハザードマップ（http://disapotal.gsi.go.jp/）を公表しています。ハザードマップとは、主に自然災害による被害を予測してその被害範囲を地図に示したものです。ハザードマップの種類としては、液状化危険度、浸水ハザード、津波ハザードなどがあります。最近では下水道の処理能力を超えて浸水が起こる内水ハザードなども多くの市区町村が公表しています。これらは時折変更される場合も多いのですが、それなりの信憑性がある資料です。

地盤の安全性以外にもリスクがある

　今回の震災は千年に一度といわれていますが、近年、四川大地震、スマトラ沖大地震、ハイチ地震といった大地震が立て続けに起きており、また、宮城県沖の巨大地震は数百年間隔で起きるともいわれています。

　2011年9月の台風12号による紀伊半島の地盤の深層崩壊（※2）などの災害をみる限り、地盤の安全性の目安となる液状化危険度ハザードマップ以外のハザードマップにも注意が必要です。

（※1）　昭和55年建設省告示第1793号
（※2）　山が豪雨等により地中深くからまるごと崩壊する大規模土砂災害。地滑りをもっと大規模化したもので、山ごと崩れるような大崩壊。

Q8 液状化した土地としなかった土地

震災で、同じ軟弱地盤でも液状化した土地としなかった土地とがあると聞いたのですが、どのような違いがあったのでしょうか。また、一度液状化した土地は再度液状化しないと聞いたことがありますが、本当でしょうか。

A

軟弱地盤でも液状化した土地としなかった土地があったのは事実です。まだ調査段階ですが、たとえば千葉県浦安市では、「埋立てをした年代」と「埋立てで使用した土の粒子の違い」によって、大きな被害が出た地域と軽微な被害で済んだ地区に分かれたという報告がなされています。また今回の震災では、土の粒子により一度液状化した土地はその後も何度も液状化する可能性が高いと報告されており、一度液状化した土地は再度液状化しないという通説とはまったく逆の結果も報告されています。

解説

液状化とは

　水で飽和した砂が、振動や衝撃などによる間隙水圧の上昇のためにせん断抵抗を失う（簡単にいえば、土に含まれている水分と土の粒子が分離して、固まっている土が崩れてしまう）現象を液状化または液状化現象といいます。震度5以上の揺れが長期にわたり続くと、軟弱地盤や埋立地において液状化が発生する可能性が高まります。

　水道管や下水管といった軽いものは浮いて地表に飛び出し、杭を打っていない構造物は沈下します。液状化が直接の原因で死者が出たという事例はほとんどありませんが、建物や道路、水道、ガス、下水等のインフラに大きな被害が出ます。

液状化のメカニズム

液状化は、下記のような段階を踏んで発生します。
① 液状化前：液状化前の砂（粒子）が緩く堆積した状態
② 液状化の瞬間：間隙水圧の上昇に伴い、全粒子が浮遊した状態
③ 液状化中：上部では液状化が続いているが、下部は終了した状態
④ 液状化終了：全層にわたって液状化が終了し、砂が詰まった状態

液状化の程度およびその被害程度は、土の密度によって大きく異なります。緩い砂では、強度や剛性が小さいまま変形が進行し、甚大な被害につながるのに対して、密な砂では変形がある程度生じると地盤強度が回復するため、被害も相対的に軽くなります。この状態は液状化と区別するため「サイクリックモビリティ」と呼ばれています。

波がひいた直後の海辺の砂を手ですくい、左右にゆすると、砂がとろけて指の間から流れ出します。これが液状化現象の原理ですので、海に行った際には試してみてください。

液状化は何度も起きる

千葉県環境研究センターでは、東日本大震災による千葉県内における液状化の調査結果を第1報（平成23年3月18日発表）から第3報（平成23年6月9日発表）に分けて発表しました。それによると、1987年に発生した千葉県東方沖地震で液状化した地域と今回の東日本大震災で液状化した地域が一部重複しているとの調査結果が明らかになりました。

一度液状化した場所は地盤が安定し、再び液状化しないという説がありますが、これは粗粒な地層の場合に地盤が締め固まるものであり、今回の調査により、細粒な地層の場合には、地震により液状化した地盤の多くは締め固まらず、以前より緩くなっていることが多いという事実が明らかになり、「千葉県で埋立てに使われた房総半島の砂は粒子が細かく、いったん液状化した後も、地盤は固まりづらく、強い地震が起きれば再び液状化が起きる可能性が高い」と報告されています。

液状化する土地としない土地

　液状化しやすいといわれている埋立地には泥層主体と砂層主体の埋立て部分があり、液状化しやすい土地と液状化しにくい土地には、以下の特徴が挙げられます。

① 　砂層はゆる詰まりであり鉱物粒子（主な地層粒子）同士がくっつき合う作用はごく小さいので、間隙水圧が高まれば液状化しやすい
② 　泥層は一般に粘土鉱物を多く含み、これが鉱物粒子同士をくっつける作用を持つために液状化しにくい
③ 　1981年6月の建築基準法の改正前か改正後（新耐震基準）により液状化の被害状況が大きく異なる。また、上記①に記載した土砂が年代により使われている埋立地は液状化しやすい

ポイント

- 液状化現象は土の種類によって再液状化する場合としない場合がある
- 液状化現象は埋立てが行われた年代により被害程度が大きく異なる

液状化により道路にいくつもの補修跡が生じている

液状化により破損した消火栓、マンホール、塀

1　土地を守る　　19

Q9 傾いた状態の建物に住むとどういう影響があるか

建物が震災で傾きましたが、今のところ雨漏れ等もなく、修繕費用についても金額の見当がつかないため、とりあえず住み続けています。このまま住んで問題ないのでしょうか。また、健康上何か問題はありますか。

A

傾いた建物はバランスが崩れており、一部分に過大な荷重がかかっている可能性もあり、放置しておくと危険な場合があります。また、ある一定以上の傾きがある建物に住み続けると健康上悪影響が出ます。

解説

不同沈下

「不同沈下」とは、建物全体が同一な沈下をせずに、ある面が沈下を起こすなど、不均等に沈むことをいいます。不同沈下がある一定量を超えると、建物の基礎、壁、梁等にひび割れの発生、ドアや建具、サッシュの開閉不良、建物の傾斜等の問題が起こります。

不同沈下の種別

種類	症状等
一体傾斜	通常起こり得る沈下量では構造的な問題が生ずることはなく、「床や柱の傾斜、排水不良、開戸や引戸が自然に開閉する」など傾斜角の発生に関係する上部構造の使用性や機能性が問題になる。簡単にいえば、一方方向に傾いた状態。
変形傾斜	ひび割れやその他の沈下障害のほとんどは変形傾斜の場合で、変形角の発生に伴う基礎および上部構造のひび割れや変形などの構造力学上の問題とともに、傾斜角による使用性や機能性も同時に問題となる。傾きが一方向ではなく、複数方向に表れている状態。

不同沈下の状況を大別すると、前記の図表のようになります。
不同沈下時の傾斜角についての指標
不同沈下が起きた際に、物理的または人間の意識として感じる度合いや損傷度合いを下記に示します。

区分	障害程度	傾斜角(※1)
1	品格法技術的基準（レベル1相当）	3／1000以下
2	不具合が見られる	4／1000
2	不同沈下を意識する、水はけが悪くなる	5／1000
3	品格法技術的基準（レベル3相当）、不同沈下を強く意識し申し立てが急増する	6／1000
3	建具が自然に動くのが顕著に見られる	7／1000
4	ほとんどの建物で建具が自然に動く	8／1000
4	排水管の逆勾配	10／1000
5	生理的な限界値	17／1000

（※1）傾斜角とは、たとえば上記区分表4に該当する8／1000は1m（1,000mm）に対して8mm上がった角度をいいます。

また、15/1000を超えると、柱の傾斜等が著しくなり、倒壊の危険性が高まり、床の傾斜がひどく使用困難な状態になるとする学術講演もあります。

ちなみに、内閣府では平成21年6月に公表した「災害に係る住家の被害認定基準運用指針」の中で「外観による判定」「傾斜による判定」「部位による判定」を示しており、傾斜による判定では、木造およびプレハブの場合には傾斜が1/20（50/1000）以上、非木造の住家の場合には傾斜1/30（33/1000）以上を、それぞれ住家の損害割合を50%以上とし、全壊と判定するとしています。

健康上の被害
傾いた建物に住み続けると、身体にさまざまな影響が出ます。上記図表の区分4になると、めまいや苦痛が生じて水平復元工事（元の状態に戻す工事）を行わざるを得ない状況であるといえます。さらに傾きが増すと、頭痛やはきけ、めまいが現れ、睡眠障害も発生します。

震災により擁壁付近の盛土部分で不同沈下を起こした建物

傾いた建物を放置したらどうなる

　区分4以上に傾斜した建物を放置すること自体が問題外ですが、本来水平であった建物が傾斜した場合、ある一定部分に強い荷重が絶えずかかることになり、長期でみた場合、建物の構造にさらに大きなダメージを残す可能性が高まります。場合によっては区分2程度でも改修工事を行うことを視野に入れた検討が必要といえます。

傾いた建物の修復方法

　地震等により建物に被害が出た場合に、建物が沈下していないケースでは、主に基礎を補強する基礎軀体修復工法で工事を行います。建物が沈下していて修復する必要が生じたケースでは、沈下修正工法で工事を行います。沈下修正工法には、主に沈下修復と基礎の補強工事を行う場合と、沈下に対する継続対策として地盤改良工事と基礎の補強工事を併用する工事があります。沈下修正工法は主にジャッキアップで建物を持ち上げ、基礎を補強したり、基礎をつくり直します。また、場合によっては、地盤改良や杭を打ち込むなどの工事を行います。

Q10 木造住宅の地盤調査はどこまでやればいいのか

建売木造住宅を購入しようと考えていますが、同一地区の物件でも地盤改良を行い地盤保証が付いている物件と、何も表示されていない物件があります。木造住宅では地盤調査はどこまで行っているのですか。

A

2000年に改正された建築基準法に、軟弱地盤に対する国の規定が掲げられています。また通常、木造建築の場合にはスウェーデン式サウンディング試験（SWS試験）が使われます。

解説

国の基準

国土交通省では、地震時に液状化のおそれのある地盤の場合や、下記のような軟弱地盤の場合には、建築物の自重による沈下その他の地盤の変形等を考慮して、建築物または建築物の部分に有害な損傷、変形および沈下が生じないことを確かめなければならないと定めています。

2000年改正建築基準法

2000年の改正建築基準法の木造中心規定の改定では、地耐力に応じて基礎を特定することが定められました。

地耐力	20kN/m² 未満	20kN/m² 以上〜30kN/m² 未満	30kN/m² 以上
基礎種類	基礎杭	基礎杭またはべた基礎	布基礎も可

スウェーデン式サウンディング試験（SWS試験）

戸建て等で最も利用されている地盤調査の機械です。費用が安価で、操作が

簡便であるのがその理由です。ただし、圧密沈下量(地盤が圧力を受けて徐々におこる沈下の度合い)や液状化現象の可能性を検討する際には、少なくとも「土質の判定(砂質土または粘性土)」や土の「含水比」および「地下水位」の調査が必要になります。地下水位はSWS試験を実施した孔内を利用するかハンドオーガー(土壌調査等に使用する簡易な機械)を用いて調べることができ、また土質の判定には、ハンドオーガーにより採取した土のサンプルや、SWS試験機に取り付けられたサンプラーにより明らかにすることができます。

スウェーデン式サウンディング試験

Q11 木造住宅の土台は安全か

地震の被害で傾いた家の話をよく聞きます。木造住宅の土台は安全ですか。

A

一般的には安全ですが、土台（木造）は直接地面に接しているのではなく、基礎（コンクリート造）の上に固定されていますので、基礎を含めた安全確認が必要です。また、1981年に改正された新耐震基準以前に建てられた住宅に関しては、専門家による診断を受けることをお勧めします。

解説

土台の役目は

　木造住宅の土台は、一般的に約105ミリ（3寸5分）の角材、または約120ミリ（4寸）の角材で構成されています。これらを基礎の上に寝かし、基礎の形に沿うように配置します。そして角材を基礎に強力なボルト（「アンカーボルト」といいます）でしっかり固定します。これらの土台は、木造の家をコンクリート製の基礎に固定する重要な役目をしています。土台の安全性を判断する項目は以下のとおりです。

① シロアリ被害の状態
② 湿気による土台や柱の腐食状態
③ アンカーボルトの本数、土台の「浮き」の状態
④ 土台部材の継ぎ合わせ部分の腐食状態
⑤ アンカーボルトの周辺にひび割れがないことの確認

　これらの項目は、床下にもぐれば目で確認することができます。

　たとえばシロアリの被害があると土台や柱は虫に食われたように削られます。もしくは手で簡単に穴が開きます。手で土台や柱を触ったときに湿り気が

ある場合や木材の表面が柔らかい感じを受けたときは、腐食のおそれがあります。土台と基礎の隙間の間隔が一定でなく、一部分の隙間が大きい場合は土台が浮いている可能性があります。アンカーボルトの周辺にひび割れを見つけた場合は、アンカーボルトの効力が下がっている可能性があります。異常があった場合は専門家に相談することをお勧めします。

基礎と地耐力の役目は

　基礎は、一般的に鉄筋の入ったコンクリート（鉄筋コンクリート）でできています。基礎はその上の木造住宅の重さを適切に地面に伝えると同時に、家を水平に保ちます。基礎にはさまざまな種類、形状があります。どの種類、どの形状を使用するかは地面の重さを支える力（「地耐力」といいます）によって決まります。地耐力の数字が大きいほど重い建物をさせることができます。地耐力を知るには地盤調査を行う必要がありますが、木造戸建て住宅の場合、2000年以前は地盤調査の実施義務がなかったために、実際の地耐力に即した基礎になっていない場合があります。2000年以降、木造の場合、実際の地耐力に適応した基礎の選定は以下のようになりました。

地耐力	採用できる基礎の形式
30kN／m^{2}以上	布基礎、べた基礎、基礎杭
20kN／m^{2}以上 30kN／m^{2}未満	べた基礎、基礎杭
20kN／m^{2}未満	基礎杭

　地耐力が大きいと基礎の選択種が増えます。地耐力が大きいということは、しっかり締め固まった硬い地面ですから、どのような基礎を採用しても安全です。反対に地耐力が低いと基礎の選択種は減ります。たとえば地耐力が20kN／m^{2}未満の地面は柔らかく、重いものをのせると沈んでしまうような地面です。ご自宅の土地の地耐力と基礎の形式は、建設当時の設計図と確認申請書類を確認してみてください。

2000年以前に建てられた住宅の場合は

　建設当時の設計図と確認申請書類を確認した結果、地盤調査結果が添付されていない、図面を見ると基礎の形が「T字形」をしている場合は、基礎は布基礎である可能性が高いといえます。となると、地耐力が気になります。調べる方法は以下の3種類です。

　①　市役所の建築関連の課に自宅付近の地耐力データがないか問い合わせる
　②　地元の地盤調査会社に自宅付近の地耐力データを問い合わせる
　③　地盤調査会社に依頼して自宅の庭などで地盤調査を行う

　市役所にデータがある場合は無料で提供してもらえます。地元の地盤調査会社はインターネットで検索するか、社団法人全国地質調査業協会連合会のホームページ（http://www.zenchiren.or.jp/）から調べることができます。地耐力データが有料の場合の金額は、会社によって変わりますので、確認してください。調査会社に地盤調査を依頼する場合は注意が必要です。

　東日本大震災で液状化による被害が注目を集めましたが、これまで一般的に木造住宅を建設する際に行われてきた地盤調査方法（「スウェーデン式サウンディング試験」といいます）では、液状化の危険性の判断ができません。現在、液状化の調査について義務化するか、最適な調査方法は何か、などの検討を行っています。スウェーデン式サウンディング試験は10万円程度でできます。液状化可能性の調査ができる3成分コーン貫入試験は20万円程度かかります。液状化の試験に関する技術は今後さらに研究が進み、試験の金額も変わってくるかもしれませんので、調査の時期はよく検討して決めてください。

　地耐力と基礎の種類に関して不安のある場合は、建築士などの専門家に問い合わせることをお勧めします。

1981年以前に建設された住宅の場合は

　住宅の基礎は一般的に鉄筋コンクリートでつくられていますが、1981年以前の住宅の場合、鉄筋の入っていないコンクリート（「無筋コンクリート」といいます）で基礎がつくられている場合があります。基礎の形式は布基礎の場合が多く見られます。独立基礎の場合もあります。このような場合、地震に対す

る安全性は低く、危険な状態です。基礎の上に建つ木造住宅部分も耐震性が低い可能性が大きいため、建築士などの専門家による耐震診断をおすすめします。家全体を総合的に見て耐震補強工事を計画することで安全性が向上します。しかしながら費用面では負担が大きくなります。基礎の補強を含む総合的な耐震補強工事の場合、おおむね300万円以上必要です。基礎の補強方法としては鉄筋コンクリートの基礎をつくり、今ある基礎と鉄筋で固定する方法や木造住宅部分を持ち上げ基礎をつくり直す方法があります。後者はしっかりした基礎ができますが、費用負担は大きくなります。

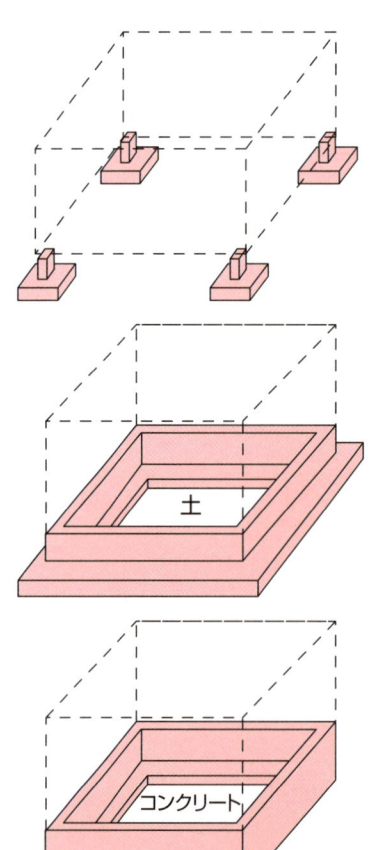

独立基礎：柱の下に各々独立した基礎。基礎と基礎の連結がないため地盤の揺れに対して弱い。地盤の一部が沈下したときに家も傾いてしまう。

布基礎：独立基礎を連結した基礎。1階の各部屋の4辺を囲うように基礎を配置する。部屋の真ん中は地面で、地盤の一部が沈下したときに家の一部が傾くが、その被害は独立基礎ほど大きくはない。

べた基礎：布基礎で地面になるところにコンクリートの床を敷き詰めたような基礎。地盤の一部が沈下しても家全体の水平性は保たれる。3種類の基礎の中では一番強い基礎といえる。

2 建物を守る

Q12 新耐震基準だから安心とはいえない木造住宅

現在、築20年の木造住宅に住んでいますが、新耐震基準（1981年）ができた以降に建てられたので、大地震がきても大丈夫でしょうか。

A

基本的には大丈夫です。しかし、1995年の阪神・淡路大震災で多くの木造建物が被害を受けたため、2000年に耐震基準が大きく変わりました。2000年以前に建てられた木造建物は、念のため耐震診断を行うことをお勧めします。

解説

耐震基準の変遷

　1978年の宮城沖地震の被災状況を受けて、1981年に建築基準法が改正されました（「新耐震基準」と呼ばれています）。この新耐震基準は、大地震（震度6強〜7）が起きても建物が倒壊しない耐震力をもたせることを目的につくられました。しかし1995年の阪神・淡路大震災では、新耐震基準以降に建てられた木造建物の多くに被害が出たため、2000年にさらに基準が改正されました。

阪神・淡路大震災以降の耐震基準

　2000年に改正された基準の主な内容は以下のとおりです。
① 敷地の地耐力（地盤の硬さ）に応じた基礎構造にしなければならない
② 筋交いと梁・柱は金物で緊結しなければならない、耐震壁（耐震力を増すために筋交いなどの入った壁）の取り付く柱は土台や梁と金物で緊結しなければならない
③ 耐震壁は必要量があればよいのではなく、バランスよく配置されていなければならない

①については、まず地盤を調査して、それに応じた基礎にすることが義務づ

けられました。そのため、一般的に使用されてきた布基礎は、地耐力の十分な地盤であることが確認できなければ使用できない規定になりました。以前から柔らかな地盤については自主的に地盤改良などが行われていましたが、法的規制はありませんでした。そのため、2000年以前の木造住宅では地盤調査が行われていないケースが多く、今後想定される大地震時には不安があるのです。

②については、大地震で崩壊した建物では柱が土台から引き抜かれたり、筋交いが外れたり座屈して折れるなどの例が多くみられました。そのため、従来のように単に釘で留めるのではなく、基準に合ったさまざまな金物の使用を義務づける規定になりました。特に、耐震壁に取り付く柱については、「ホールダウン金物」という土台と緊結する金物を使用する規定になりました。これにより、耐震壁が土台から外れて建物が崩壊する現象を防ぐことができるのです。

③については、単に必要壁量があればよいのではなく、バランスよく配意されていなければならない基準が設けられました。2000年以前の建物では、南側は太陽光が多く入るように壁を少なく開口部を多くし、北側は風呂や納戸など開口部が少ない部屋を設けて壁量を多くして、全体で規定の壁量を満たす建物が少なくありませんでした。そのような壁量のバランスが悪い建物が大地震に遭遇すると、地震波の向きにもよりますが、想定以上に揺れたりねじれたりし、時には崩壊してしまうのです。一方、バランスのよい建物は、必要壁量を満たしていなくても被害が少なかったことなどから、このような基準が加わったのです。

心配なら耐震診断を

特に上記③の規定については、Q13の「自分でできる耐震診断」を参考に、診断してみることをお勧めします。

Q13 自分でできる耐震診断
木造住宅

自宅の耐震性能が不安です。自分で自宅の耐震診断はできますか。

A

自分でできる木造住宅用の簡易な耐震診断があります。ただし、これはあくまでも目安であり、正確な診断ではありません。

解説

誰でもできるわが家の耐震診断

　自分でできる自宅の耐震診断として、財団法人日本建築防災協会が提供する「誰でもできるわが家の耐震診断」を使用することをお勧めします。下記URLより日本建築防災協会ホームページにアクセスすると、2種類の利用方法が選択できます（http://www.kenchiku-bosai.or.jp/seismic/wagaya.html）。

　1つはインターネットを利用して耐震診断を行う方法、もう1つはホームページから書類を印刷して、印刷した書類に記入して耐震診断を行う方法です。耐震診断は問診票の質問に答える方法ですが、その際にご自宅の間取り図を用意していただくとよりスムーズに作業が進みます。

行政による無料簡易耐震診断

　インターネットを利用しない方法として、多くの行政が無料耐震診断事業を行っています。役所の職員や地元の建築士があなたの家の簡易耐震診断を行います。詳しくは市町村または都道府県の建築行政担当部局に問い合わせてみてください。その際、ご自宅の間取り図を方眼紙に記入し、持参すると作業がスムーズになります。

耐震診断が終わったら

　「誰でもできるわが家の耐震診断」の目的の1つは、一般の方の耐震に対す

る理解を深めることにあります。わが家の構造をよく理解し、その耐震性能がどのような基準で決まるかを知っておくことは、災害対策の原点といえます。そのため簡易な耐震診断の結果はあくまで目安であり、正確な耐震診断の結果ではありません。結果に不安があるようでしたら、専門家に相談してください。専門家はより詳細な情報と現場での調査結果を基に、より正確な耐震診断と耐震改修方法を提案します。専門家に相談したい場合、耐震診断を依頼したい場合は、財団法人日本建築防災協会のホームページで相談窓口情報を提供しています。参考にしてください。

10の質問

「誰でもできるわが家の耐震診断」では、以下の10個の質問に答えます。

① 建てたのはいつごろですか？
② 今までに大きな災害に見舞われたことがありますか？
③ 増築について
④ 傷み具合や補修・改修について
⑤ 建物の平面はどのような形ですか？
⑥ 大きな吹き抜けがありますか？
⑦ 1階と2階の壁面が一致しますか？
⑧ 壁の配置はバランスが取れていますか？
⑨ 屋根葺材と壁の多さは？
⑩ どのような基礎ですか？

Q14 家の中は危険がいっぱい
生存空間を確保するために

多額の費用をかけて耐震工事をする予定はありません。少額でできる効果的な対策はありますか。

A

家の中の危険物の除去、落下物の防止、部分的な建物の補強など細かな作業の組合せで災害時の被害を最小限に抑え、生存空間を確保することができます。

解説

生存空間を確保する方法

　震災に強い空間づくりには、以下の３つのポイントを押さえてください。
① 　軽い建物は地震に強い
② 　日常生活する部屋をしっかり補強
③ 　家具や棚の固定方法

軽い建物は地震に強い

　地震時の対応として、まず重要なのは「軽さ」です。身の周りの物を整理することに加え、２階のある住宅では、２階の部屋にあるものを整理する、または１階に移動することは大変重要です。子どもが成長し両親だけとなった住宅の２階には子どものものが残っていることがよくありますが、震災時の安全を考えると、２階にはなるべく重いものを置かないほうが得策です。また、２階に重いものが残る場合は１階の生活空間の上に来ないようにしましょう。瓦屋根の住宅の場合、瓦からカラーベスト、金属など他の材料で屋根をリフォームすることも効果的な耐震対策です。

日常使用する部屋をしっかり補強

　一般的に高齢になると生活のほとんどを１階で過ごします。その１階の生

活の主たる空間をしっかり補強することをお勧めします。壁を補強するのが最適です。壁の補強は一般的には筋交(柱と柱の間に入れる斜めの木材)を入れる、または構造用合板（12ミリ程度の厚みの合板）を壁に打ち付けるなどの方法があります。特に南側は窓が多く、壁が少ないのが一般的です。その際、少ない壁を強固に補強して部屋全体の壁の量のバランスを取る方法や、窓の1部分を壁にして、部屋全体をバランスよく補強する方法があります。またガラス窓には飛散防止フィルムなどを張ると、破損時のけが防止につながります。このような方法で、日常生活している部屋に生存空間が確保できれば、生存率も高くなります。

家具や棚の固定方法

　家具の固定、棚の設置などはしっかりとした壁または天井に行う必要があります。一般に壁、天井に使用される石膏ボードは柔らかく大きな荷重に耐えることができません。家具の上をつっかえ棒で天井に固定していても、天井のパネルが揺れで割れてしまっては意味がありません。しっかりと固定する場合は柱、梁、合板などの木材にねじ、ボルトなどで固定します。固定したい場所に木材がない場合は、合板を取り付ける工事（下地づくり）が必要になります。大きな仏壇や冷蔵庫の固定は、大工仕事の苦手な方は工務店などにお願いしたほうがよいでしょう。

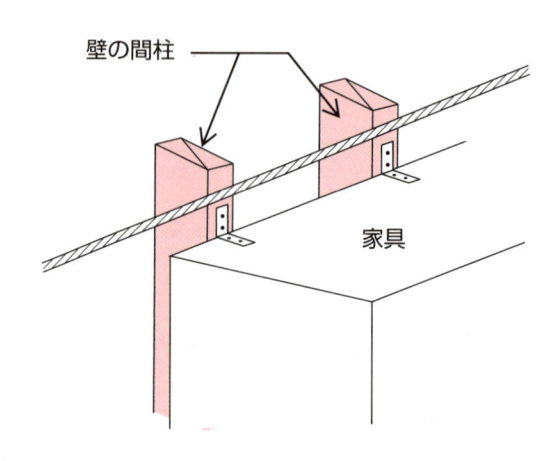

Q15 住まいの電気・ガスの安全確認は

自宅の電気・ガスは地震のときに安全なのでしょうか。

A

電気・ガスは、それを提供する企業が安全に対する継続的な努力を行っています。加えて使用する側の注意も必要です。

解説

ガスの安全

1990年代以降、ガスの使用量を計量するための「ガスメーター（マイコンメーター）」にはさまざまな安全機能が搭載されています。震度5程度の揺れがあった場合には、ガスメーターの安全機能が働き自動的にガスの供給を遮断し住まいの安全を守ります。なお、再びガスを使う場合には住人自身が簡単な「復帰操作」をすることで供給を再開することができます。古いガスメーターをお使いの場合は、ガス会社へ連絡することをお勧めします。

ガス管の安全

道路または歩道の下にはガス管が埋まっています。そのガス管から枝分かれして、住まいにガスが供給されます。その枝分かれのガス管が亜鉛メッキ製の場合（「白ガス管」と呼びます）、地震で大きく揺れると、管が破壊されガス漏れにつながるおそれがあります。また、設置後20年を超えると腐食によるガス漏れの危険もあります。白ガス管は1985年くらいまで広く使用されましたが、1996年に使用禁止となっています。

現在、ガス管は柔軟性のある材料（ポリエチレン、塩化ビニル）でつくられており、大きく揺れた場合も破壊しないように粘りがあり、腐食に対しても強くなっています。1996年以前に建てた住宅にお住まいの方はガス会社に問い合

わせてみてください。

電気の安全

　ガスと違い電気の場合、地震のときに危険なのは、電気そのものよりも電化製品です。冷蔵庫やテレビなどはしっかりと固定しましょう。テレビの周辺には水槽や花瓶を置くのは避けましょう。テレビに水がかかると発火するおそれがあります。電気にとって水は天敵です。水につかった電化製品を濡れたまま使用することは控えましょう。万一電化製品から火が出たら、むやみに水をかけず、消火器で消火するようにしましょう。消火器に青マークがあれば、電化製品の消火に適しています。

地震が来たら

　地震が来たら以下の点に注意しましょう。

① 　アイロン、トースター、ドライヤーなどの熱器具はプラグをコンセントから抜く
② 　避難するときは分電盤を遮断する（電気の消し忘れによる事故防止のため）
③ 　切れた電線に触らない（電線に樹木や看板が触れている場合も同様）

ポイント

- ガスメーターに安全機能がついているか？
- 1996年以前の住宅の場合、ガス管の安全確認を！
- 電化製品の消火には青いマーク付き消火器を！

Q16 一歩進んだ耐震対策
家庭用蓄電池、雨水利用

建物を地震に対して強くする耐震補強以外に、耐震対策はありますか。

A

大規模地震が発生すると、水、ガス、電気などが止まり、日常生活が難しくなります。そこで「蓄える」をテーマに、一歩進んだ耐震対策を説明します。

解説

雨を蓄える

屋根に降った雨を集めタンクに雨水をたくわえ、トイレの排水、庭の樹木への水やりなどに利用する方法を「雨水利用」といいます。1995年1月に発生した阪神・淡路大震災で水道、ガス、電気設備が被害を受け、避難生活で水の利用に困った経験から雨水利用が日本でも広まりました。震災後のことだけを考えると雨水の利用は井戸水をポンプでくみあげたように、地下に溜めた雨水を手動ポンプで利用することになります。雨水利用をするためには大量の水を溜めるタンクに加え、雨水をきれいに溜めるためのごみ取り器、ろ過槽などが必要です。費用もかかるため、普段の生活にも溜めた雨水をさまざまな形で利用したいものです。以下に、雨水利用で使用する機器の説明をします。

① ごみ取り器：雨どいに取り付けます。雨に含まれるごみを取り除いたり、最初に降った1ミリの雨を流すことで、屋根にたまったほこりを含んだ雨を集めないようにします。
② ろ過槽：雨水はごみ取り器からろ過槽にいきます。ろ過槽はフィルターや砂利の層を雨水がゆっくり通ることで、ごみを取り除く装置です。
③ 貯留槽：ろ過槽をとおりきれいになった水は貯留槽というタンクに溜まります。貯留槽の大きさは使用する人数、利用目的などにより決まります。

またその設置場所は各家の状況によりさまざまです。

屋根の雨水をきれいにして集めると、さまざまな形で利用できます。
- 太陽熱温水器に利用して、温まった水をお風呂の水に利用
- キッチンの飲料水以外の水として利用
- 非常時に手押しポンプで水を利用する
- トイレに利用
- 庭の樹木への水として利用

雨水利用は、雨が集中的に降るときに蓄え、晴れているときに少しずつ流すことで、洪水対策にもなります。

雨水利用の概念図

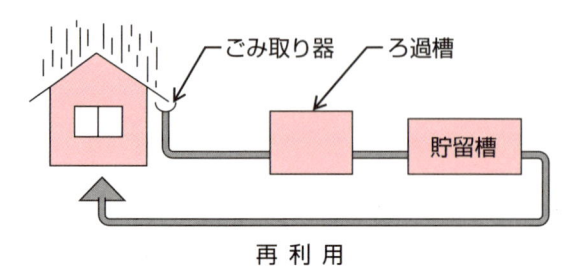

電気を蓄える

最近、屋根に太陽光パネルを設置している住宅を見かけるようになりました。その太陽光発電、風力発電、安価な深夜電力を電池に溜めて必要なときに使用できるようにするのが家庭用蓄電池です。地震の後の停電時に、蓄電池に蓄えた電気を利用できます。

近年、小さなサイズで大きな電力を溜めることができる技術が進み、一般の住宅への利用が始まりつつあります。現在、蓄電池の主流はリチウム電池です。電気自動車やハイブリッド車にも利用されています。住宅に蓄電池を設置するメリットは以下のとおりです。

① 太陽光発電などで発電した電気を、電力会社に売る（「売電」といいます）のではなく自宅に蓄え、利用できる（なぜなら太陽光発電の設置が進むと、

発電した電力の買取価格は低くなるので、その電力を売らずに自宅で使用したほうが得になる）

②　オール電化の住宅では安い深夜電力を蓄電池に蓄え、昼間に利用する

　しかし、その価格はまだ高額で、補助金を利用しても手軽に導入できる設備ではありません。今後技術が進めば金額は下がってくると思います。今後に期待したい技術です。

（※）　蓄電池に関する注意事項：リチウム電池内部には可燃性の電解液が詰まっています。現在の消防法ではその電解液は灯油や軽油と同じ「第4類第2石油類」の危険物に該当すると考えられています。そのため資格者なしで扱える量に制限があります。1,000リットル以上の貯蔵または取扱いは一般の家庭では難しいですし、自家発電設備のある家庭では灯油などの量と合わせて1,000リットルですので、注意が必要です。

大容量バッテリーを搭載した車

　電気自動車やプラグインハイブリッド車も震災対策に有効です。車の蓄電池に溜めた電気を非常時に電気として利用できるからです。

省エネは震災対策

　今回紹介した雨水利用、蓄電池のほかにもさまざまな省エネ技術があります。これらの省エネ技術は、地震直後に利用できるという意味で、震災対策というえるのです。

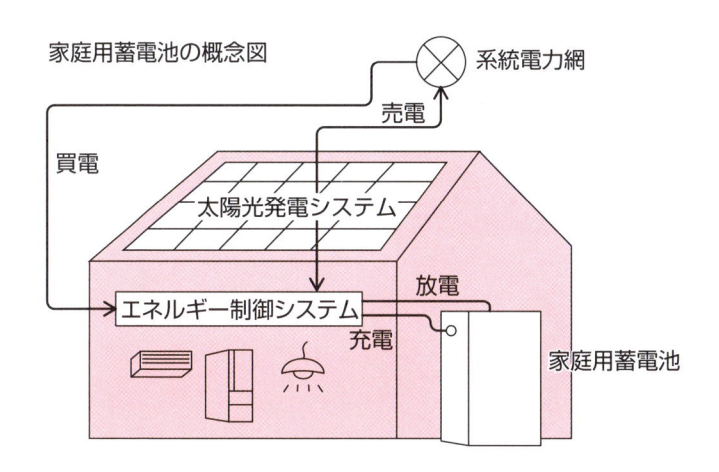

家庭用蓄電池の概念図

Q17 建物(土地)の権利証が見つからない

建物(土地)の権利証が見つかりません。何か問題はありますか。また、ない場合の対処方法は何かありますか。

A

権利証が見つからなくても大丈夫です。ただし、建物の権利証が見つからない場合で、登記されていないときには対処が必要です。また、登記上の所有者が故人である場合も手続きをお勧めします。

解説

登記はコンピュータ化された

以前の権利証は、法務局が「登記済証」という捺印をした書面でした。現在はコンピュータ化されており、権利証は「登記識別情報」という12桁の英数字のパスワードのような情報になりました。平成17年3月より導入されています。もちろん、以前の権利証も使えます。登記済証あるいは登記識別情報を紛失した場合は、事前通知制度や司法書士等に所有者本人であることを確認して手続きをすることができます。元のデータは厳重にバックアップをとっているので、誰が所有者かわからなくなるようなことはありません。

確認しておきたいこと

それでも、権利証がないということは、もしかすると以下のような問題があるのかもしれません。ぜひ確認してください。

① 相続が完了していない（亡くなった人の名前のままになっている）
② 建物が登記されていない

①のケースは財産を相続する内容を決めただけで、現在の所有者にする手続き（所有権移転登記）をしていないと故人のままとなります。

手続きには亡くなった人の戸籍と相続をする人全員の戸籍、住民票、契約書（遺産分割協議書）に実印の捺印と印鑑証明書が必要です。本人でも手続き可能ですが、司法書士に依頼するのが一般的です。最寄りの司法書士に相談し、見積りをお願いしてから手続きすることをお勧めします。

　②の建物が登記されていないケースも手続きが必要です。不動産登記法上、存在する不動産（ここでは建物）は登記しなければならないと規定されています。増築がある場合も登記が必要です。登記がなくても固定資産税・都市計画税は課税されます。登記していないと困ることは、市街地再開発事業（Q40参照）の区域に指定された場合です。ご自分の持っている建物の権利を、新しく開発した建物に移転する手続きなので、現状の面積を反映しているほうが有利なのです。登記されていない場合には、今ある建物が震災後に価値を少なく見積もられたり、最悪の場合、権利移転対象にならないことも考えられます。

本人の申請でもできるが専門家に任せるとスムーズ

　これらの手続きはご自分でもできます。①は所有権移転登記、②は建物表題登記、増築の場合は建物表示変更登記という申請手続きです。法務省のホームページを見たり、近くの法務局に相談に行ったりしましょう。専門性の高い書類作成が煩雑だと思われる方は、①は司法書士に、②は土地家屋調査士に依頼するとスムーズです。登記手続きは、1人1人の権利をきちんと保管し保護することが目的の1つですから、今ある状態を登記事項に反映させておきましょう。

3 コミュニティを守る

Q18 近所づきあいがあなたを守る

東日本大震災以降、「コミュニティ」という言葉をマスコミ等でよく聞きます。現在の生活では近所づきあいがありません。どうしたらよいでしょうか。

A

大震災の後、人々が落ち着いて行動し、平常心を保って生活できた理由の1つに、「近所づきあい」を挙げることができるのではないでしょうか。ここでは、どのような近所づきあいを、どのように始めるかについて、説明します。

解説

近所づきあいがあなたを守る

　地震が発生し、建物が壊れ、がれきの中から人を救出する際に重要なことは、その建物の中に人がいるのかいないのか、何人くらいいる可能性があるのか、などの情報です。近所の人たちがあなたの家に何人の家族が住んでいるか知っていると、救出活動をスムーズに行うことができます。また、がれきの中に人がいないことが事前にわかれば救出作業を効率的に行うことができ、より多くの人を救出できる可能性が高くなります。

　大規模な震災後は避難所で生活することになります。プライバシーが問題となりますが、まったくの他人より、顔見知り、気心の知れた人たちが周りにいたほうが精神的な不安を和らげることができます。近所の人たちのことを知っていること、たとえば隣のおじいちゃんの薬のことを知っていれば、命を救うことにつながります。

震災直後だけではない近所づきあいの重要性

　阪神・淡路大震災はその発生から15年以上が経ち、被災地は復興をとげました。復興への道のりは決して容易ではなく、多くの人がかかわり、まちの将

来について話し合いました。災害以前からその地域に存在していたコミュニティと、震災後に避難所生活をする中で育ったコミュニティがあったからこそ、話し合いが意味あるものになったのではないでしょうか。

近所づきあいをどのように始めるか

　最近は自治会の力を見直す傾向が強くなっています。また、自治会の力を頼りにすることで、効率的なサービスを提供する方針を打ち出す行政も多くなってきました。お住まいの地区の自治会に顔を出すようにすることをお勧めします。子ども会や老人会を通したり、お祭りのときに顔を出してみるのもよいと思います。少しだけ勇気をだし、近所づきあいを面倒と思わずに行動を起こしてみてください。きっとあなたの生活の助けになると思います。

近所づきあいのもう1つの価値

　近所同士の関係が良好な地域は安全性が高いともいえます。見知らぬ人の判別がすぐつくからです。各家庭ごとに防犯対策を行うことも重要ですが、地域ぐるみでお互いの家を見張る環境は防犯対策に効果的です。そして、このような地域は安全で住みやすい街として、価値の高い住宅地域となるでしょう。

4 税金・保険・ローン対策

Q19 耐震改修等をしたときの税金優遇規定は

地震が心配なので、わが家の耐震改修をしたいのですが、どのようなケースで税の優遇措置を受けることができるのでしょうか。

A

所得税、固定資産税などについて優遇規定があります。

解説

住宅に係る耐震改修促進税制の創設（所得税）

居住者が、平成18年4月1日から平成25年12月31日までの間に、地方公共団体が作成した一定の計画の区域内において、その者の居住の用に供する家屋（昭和56年5月31日以前に建築されたものに限ります）について住宅耐震改修をした場合には、次により計算した住宅耐震改修特別控除額を、その者のその年分の所得税の額から控除します（措法41の19の2①）。なお、住宅耐震改修特別控除と住宅借入金等特別控除について、いずれの適用条件も満たしている場合には、重ねて適用できます。

控除額の計算（平成21年1月1日から平成25年12月31日までの間に住宅耐震改修をした場合）

[次の①と②のいずれか少ない金額
① 住宅耐震改修に要した費用の額
② 住宅耐震改修に係る耐震工事の標準的な費用の額] ×10%＝ [住宅耐震改修特別控除額（最高20万円）] [100円未満切捨て]

主な適用要件等　適用期間	平成18年4月1日から平成25年12月31日までの間に住宅耐震改修をした場合
控除の対象となる主な要件	●住宅耐震改修のための一定の事業を定めた計画の区域内の家屋であること

	※平成21年1月1日より適用対象区域が拡大されています。 ● 自己の居住の用に供する家屋であること　・昭和56年5月31日以前の耐震基準により建築された家屋で、現行の耐震基準に適合していないものであること ● 現行の耐震基準に適合させるための耐震改修であること ※対象となる計画区域および工事の場合には、地方公共団体の長から「住宅耐震改修証明書」が発行されます（平成21年1月1日以後に住宅耐震改修をした場合に、地方公共団体の長が発行する耐震改修証明書において、適用対象区域であることの証明のみがされた場合は、指定確認検査機関、建築士又は登録住宅性能評価機関が発行する住宅耐震改修証明書も併せて必要となります）。
他の制度との適用関係	住宅耐震改修控除と住宅借入金等特別控除について、いずれの適用要件も満たしている場合には、重ねて適用できます。

住宅に係る耐震改修促進税制の創設（固定資産税）

　個人が、昭和56年以前の耐震基準により建設された住宅の耐震改修工事(工事費用30万円以上のもの）を行った場合、当該住宅の120m²相当部分につき、固定資産税を以下のとおり減額します。

①　平成18～21年に工事を行った場合：3年間1/2に減額
②　平成22～24年に工事を行った場合：2年間1/2に減額
③　平成25～27年に工事を行った場合：1年間1/2に減額

Q20 震災により損害を被った場合の税金の減免制度は

震災により被害を被った場合、税金を還付してくれる制度はあるのでしょうか。

A

所得税について、下記の減免制度があります。災害減免法と雑損控除は選択適用なので、どちらが有利かよく考えた上で適用を進めていく必要があります。

解説

災害減免法による所得税の軽減免除と雑損控除（選択適用）

① 災害減免法による所得税の軽減免除

　災害によって受けた住宅や家財の損害金額が時価の2分の1以上で、かつ、災害のあった年の所得金額の合計額が1,000万円以下の場合、雑損控除に代えてその年の所得税が以下のように軽減または免除されます。

所得金額の合計額	軽減または免除される所得税の額
500万円以下	所得税の額の全額
500万円を超え750万円以下	所得税の額の2分の1
750万円を超え1000万円以下	所得税の額の4分の1

② 雑損控除

　災害・盗難・横領によって、資産に損害を受けた場合には、下記の金額を雑損控除として所得金額から控除することができます。東日本大震災により住宅や家財等について生じた損失については次の措置が設けられる予定です。

- 平成22年分の所得金額から控除することができる
- 損失額の繰越期間を3年から5年に延長する

> 雑損控除額（次のいずれか多いほうの金額）
> - 損害金額－総所得金額等×10%
> - 損害金額のうち災害関連支出の金額－5万円

災害減免法か雑損控除か

以下に留意する必要があります。

① 損失の適用範囲が違う
- 災害減免法：災害（盗難・横領は対象外）により受けた家財の損害金額が1/2以上で、かつ災害のあった年の所得金額の合計額が1,000万円以下
- 雑損控除

② 災害・盗難・横領により受けた損失の金額
- 損失額－保険金等により補てんされた金額－総所得金額等×10%
- 差引損失額のうち災害関連支出の金額－5万円

被った被害が「災害」で、所得金額の合計額の合計額が500万円以下であれば災害減免法を適用したほうが有利といえます。ただし、災害減免法は盗難、横領の場合の場合には適用されず、また1年間で控除しきれない損失については損失の繰越しができないので、これらの適用を受けたい場合には雑損控除をお勧めします。

必要書類

確定申告時に必要な書類は以下のとおりです。

① 雑損控除の場合
- 災害関連の支出に関しては領収書、火災は消防署、盗難は警察が発行する被害額届出用の証明書
- 給与所得者は源泉徴収票
- 災害時のやむをえない支出については領収書

② 災害減免法の場合

損失額の明細書。なお、給与所得者は、勤務先に「源泉所得税の徴収猶予・還付申請書」を提出すれば、災害のあった日からその年の12月31日までの給与の支払の際に所得税の徴収猶予を受けることが可能です。

Q21 東日本大震災により制定された臨時特例法は

東日本大震災の被害は甚大でしたので、通常の制度よりも手厚い保護が必要かと思うのですが、どのようなものがあるのでしょうか。

A

阪神・淡路大震災のときにつくられた臨時特例の法律をベースに、被害の甚大さを考慮し、内容を大幅に拡充した臨時特例の法律の作成が検討されています。

解説

雑損控除の特例

① 雑損控除の特例住宅や家財等に生じた損失について、平成22年分所得での遡及適用を可能とする

② 繰越期間を3年から5年に延長する

災害減免法による所得税の減免措置を前年分まで適用する特例

住宅や家財等の損失に係る災害減免法の適用について、平成22年分所得での適用を可能とします。

被災事業用資産の損失の特例

① 平成22年所得の計算上、被災事業用資産の損失の必要経費への算入を可能とする

② 青色申告者については、被災事業用資産以外の損失も含めて、平成22年所得で純損失が生じた場合には、さらに平成21年分所得への繰戻し還付を可能とする

③ 被災事業用資産の損失による純損失について、繰越可能期間を3年から5年に延長する。さらに保有資産に占める被災事業用資産の割合が1割以上の場合には、被災事業用資産以外の損失も含めて、現行3年の繰

越可能な純損失について、5年に延長する

住宅ローン減税の適用の特例
　住宅ローン控除の適用住宅が、大震災により滅失等しても、平成24年以降の残存期間の継続適用を可能とします。

大震災関連寄附に係る寄附金控除の拡充
　平成23～25年分の所得税において、大震災関連寄附について、寄附金控除の可能限度額を総所得の40％から80％に拡大します。また、認定NPO法人等が、大震災に関して被災者の救援活動等のために募集する寄附について、指定寄附金として指定したうえで、税額控除制度を導入します（税額控除率40％、所得税額の25％を限度）。

住宅取得等資金の贈与税の特例措置に係る居住要件の免除等
　住宅取得等資金の贈与税の特例の適用を受けようとしていた住宅が、大震災により滅失して居住できなくなった場合には、その住宅への居住要件を免除します。贈与された住宅取得等資金について贈与税の特例を受けようとしていた者が、大震災により居住要件を満たせない場合、居住期限を1年延長する等の措置を講じます。

震災損失の繰戻しによる法人税額の還付
　平成23年3月11日から平成24年3月10日までの間に終了する事業年度において、法人の欠損金額のうちに震災損失金額がある場合には、その震災損失金額の全額について2年間までさかのぼって繰戻し還付を可能とします。

利子・配当等に係る源泉所得税額の還付
　平成23年3月11日から同年9月10日までの間に中間期間が終了する場合、仮決算の中間申告により、震災損失金額の範囲内で、法人税額から控除しきれない利子・配当等に係る源泉所得税額の還付を可能とします。

被災代替資産等の特別償却
　平成23年3月11日から平成28年3月31日までの間に、①被災した資産（建物、構築物、機械装置、船舶、航空機、車両）の代替として取得する資産、②被災区域内において取得する資産（建物、構築物、機械装置）について、特別償

却を可能とします。

特定の資産の買換えの場合の課税の特例

① 平成23年3月11日から平成28年3月31日までの間に被災区域内の土地等を譲渡し、国内にある土地、建物その他の減価償却資産を取得する場合
② 平成23年3月11日から平成28年3月31日までの間に被災区域外の土地等を譲渡し、被災区域内の土地、建物その他の減価償却資産を取得する場合

に、圧縮記帳による課税の繰延（100％）を可能とします。

買換え特例に係る買換資産の取得期間等の延長

買換資産等を予定期間内に取得することが困難な場合、一定の要件のもと、さらに2年延長することができます。

法人事業税・法人住民税における減免措置

阪神・淡路大震災時は実施しなかった法人事業税および法人住民税の災害減免について、地方税制の規定に基づき条例の定めるところにより、適切に実施します。

個人納税者および法人納税者に関するもの

① 一定期間内において、被災した建物の建替え等、船舶・航空機の再建造等に係る登録免許税を免除する
② 津波により甚大な被害を受けた区域内の土地および家屋に対する平成23年分の固定資産税・都市計画税を免除する
③ 地方公共団体などが行う「特別貸付」に係る消費貸借に関する契約書の印紙税を非課税とする
④ 一定の被災者が作成する建設工事の請負に関する契約書等の印紙税を非課税とする
⑤ 被災自動車に係る車検残存期間に相当する納付済み自動車重量税を還付する
⑥ 被災代替自動車に係る自動車重量税を免除する

⑦　被災代替自動車を取得した場合、自動車取得税を非課税とする
⑧　被災代替自動車に係る自動車税・軽自動車税を非課税とする
⑨　被災代替家屋を取得した場合または被災代替家屋の敷地の用に供する土地を取得した場合には、被災家屋の床面積相当分または従前の土地の面積相当分には不動産取得税が課されないように特例を講ずる
⑩　揮発油税等の「トリガー条項」を一時凍結する

Q22 地震保険に加入しているメリットは

これから戸建て住宅を購入しようと思っているのですが、火災保険だけではなく、地震保険にも加入したほうがよいでしょうか。

A

可能性の問題でもありますが、住宅ローン設定時の地震保険の加入について、金融機関は、3.11以前は自主性に委ねていましたが、3.11以後は必須もしくはお勧めする傾向にあります。やはり、地震保険に加入するメリットはあるとする見解なのでしょう。

解説

地震大国の日本には、万が一の備えである「地震保険」は絶対必要

地震保険は、「地震」、「津波」、「噴火」を原因とする火災、埋没、流出の損害を補償するもので、国が全面的にバックアップしている保険制度です。わが国は、世界有数の地震大国です。どこで地震が起きても不思議ではないと言われているくらいなので、住む場所に関係なく、地震保険には加入したほうがよいでしょう。

地震保険への加入条件は

地震保険は、必ず火災保険を主契約にして、一緒に契約する必要があります。また、支払額は次のように設定することになっています。

① 火災保険の支払額の30～50％の範囲内
② 建物は5,000万円、家財は1,000万円が上限
③ 持ち家は建物と家財、賃貸住宅は家財を対象とした火災保険に付帯して契約することになる。

地震保険の支払対象は

地震保険の対象は、次のとおり限定されています。

① 住むための建物（店舗・事務所は対象外）
② 店舗部分と住まいの部分が1つの建物にあるもの（店舗併用住宅）
③ 上記の建物内にある家財（ただし、有価証券や預貯金証書、1個あるいは1組の価額が30万円を超える貴金属、宝石、書画、骨董、美術品などは対象外）

地震保険金はどういうときに支払われるのか

地震保険は、地震や噴火、これらによる津波を原因として建物や家財に損害が生じたときに保険金が支払われます。保険金が支払われる損害の例として、次のような場合があります。

① 地震で火災が発生し家屋が焼けた（火災保険のみの契約では地震による火災に保険金は支払われない）
② 地震で建物が崩壊した
③ 津波により家が流された
④ 地震や噴火により生じた土砂災害で建物や家財が流失、埋没した
⑤ 地震による液状化で建物が傾いた

地震保険の保険料は地域によって違うのか

都道府県によって、地震保険の保険料は違います。また、建物の構造によっても違い、免震、耐震性能に応じた割引制度があります。地震保険の保険料は建物の構造と所在地（都道府県）によって異なります。

① 建物の構造
  - イ構造：耐火建築物、準耐火建築物および省令準耐火建物等、主に非木造
  - ロ構造：イ構造以外、主に木造
② 所在地

地震の危険が地域別に異なることから、都道府県別に1等地から4等地の区分を定めています。同じ等地でも保険料が異なることがあります。また、火災保険建物構造の判定基準の簡素化により、保険料が急激に上昇する場合（イ構造での契約が、ロ構造に変わる場合）には、経過措置料率が適用されます。

地震保険の4つの割引制度について

地震保険の割引制度には「建築年割引」、「耐震等級割引」、「免震建築物割引」、「耐震診断割引」の4つがあります。建築年または耐震性能により、地震保険料10～30%の割引（重複はできません）が適用されます。

地震保険の支払金額

全損なら契約金額の全額が支払われます。半損なら50%、一部損なら5%ですが、それぞれ時価が限度ですので注意しましょう。損害が「一部損」に達しない場合は、保険金は支払われません。

地震は、一度に広い範囲で建物に被害が及びますので、迅速に損害認定が行われなければならないため、このような支払方法になっています。建物の場合、基礎や屋根、外壁などの構造耐力上主要な部分の損害で認定されます。

保険金請求までの流れ

① 契約者：損害が発生したら、すぐに損害保険会社または損害保険代理店に連絡する
② 損害保険会社：損害保険会社が、被災した建物、家財の損害状況を調査する
③ 契約者：所定の保険金請求書類を損害保険会社に提出する
④ 契約者：保険金を契約者または被保険者に支払う

大規模地震対策特別措置法に基づく警戒宣言後の地震保険の加入について

大規模地震対策特別措置法に基づく警戒宣言が発せられたあとは、地震防災対策強化地域の建物、家財について、次の契約はできません。

① 新たな地震保険の契約
② 現在契約している地震保険の増額

ただし、警戒宣言発令中に満期を迎える地震保険契約については、契約金額が同額以下であって、同じ契約内容であれば、継続して契約できます。

原発避難地域では、申告だけで保険金が支払われる仕組みが導入された

このたびの東日本大震災では、日本損害保険協会が地震保険中央対策本部を立ち上げ、地震保険の契約者へ早期に保険金を支払うため、さまざまな取組み

を行っています。

　航空写真によって全損認定をしたり、新たな査定基準を設けて迅速に査定したり、地盤が液状化した地域の損害認定も緩和措置が取られました。液状化で地盤が沈下した場合、その補修費用は、地震保険でしか対応できません。これも地震保険のメリットの1つです。

　なお、地震保険と火災保険では、補償の対象や範囲が違います。火災保険では、地震が原因の火災は補償されません。自宅は火災保険で大丈夫でも、隣からの火災は地震保険でないと対応できません。ガス管が破裂して、そこから引火した場合も同様です。

　補償を充実させるには、建物だけではなく家財にも地震保険をかけると、保険金の使途は基本的に契約者の自由なので、家財の補償の中から、建物の補修や建替えの費用を捻出することもできます。

> **東日本大震災における損害保険業界全体の支払い保険金総額**
> **→1兆1,451億円（2011年9月14日時点）**

（※1）　支払い保険金は、1回の地震等における損害保険会社全社の支払保険金総額が5兆5,000億円（2011年9月現在）を超える場合、算出された支払保険金額に対する5兆5,000億円の割合によって削減される場合があります。

（※2）　火災保険は、住宅ローンに実質上100％付帯です。そして地震保険はその火災保険に原則付帯ですが、その付帯割合は、阪神・淡路大震災以前は約10％であったものが、震災後は15％になり、このたびの東日本大震災は約20〜25％に増加しています。

（※3）　ただし、損保会社によっては、東日本大震災後、新たに大きな地震や津波が発生すると保険金を支払えなくなるおそれがあるとして、販売に慎重な会社も多いようです。

4　税金・保険・ローン対策

Q23 地震保険以外の震災に関係する保険は

地震保険以外で、震災に関係する保険には、どういう保険がありますか。

A

震災に関係する保険には、地震保険以外に、各種の共済、少額短期保険、自動車保険に特約を付加した場合が挙げられます。

解説

共済について

まず挙げられるのは各種共済です。共済の場合にはその組合員や家族であったり、その地域に住んでいたりしないと加入できないなどの制限があります。契約内容や共済金（保険会社の保険金と同じ）の支払いの基準も損害保険会社の扱う地震保険とは異なります。

少額短期保険について

少額短期保険は、その名のとおり、取り扱う金額が少額（1,000万円）で、保険期間が短期（1年間、損害保険は2年間）の保険を取り扱います。この中にも震災をカバーする保険商品を持っているものがあります。火災保険の契約と関係なく震災の補償だけでも加入できるなど、損害保険会社の地震保険とは異なる点があります。

最低資本金の要件は、損害保険会社が10億円で、少額短期保険は1,000円です。また、少額短期保険は損害保険契約者保護機構の対象ではなく、年間収受保険料も50億円以下です。なお、損害保険会社の地震保険契約は、地震保険料控除の対象となりますが、少額短期保険は現在対象にはなっていません。

自動車保険について

自動車保険の車両保険は、台風、高潮、洪水などによる損害も保険金が支払

われる対象です。しかし、地震や噴火、津波による損害は補償していません。「地震・噴火・津波危険補償特約」等を付加することで、搭乗者傷害保険と車両保険のそれぞれ、あるいは両方に、これらの補償を付けることができます。

　ただし、この特約の契約引受け状況は制限があるため、損害保険会社や保険代理店に確認する必要があります。

Q24 住宅ローン返済中に震災に遭った場合は

住宅ローンを組んで、完済前（返済の途中）に震災に遭った場合、その後の返済はどのようになりますか。

A

住宅ローンを組む際には、団体信用生命保険（団信）に加入するのが一般的ですので、借入れ本人が死亡あるいは高度障害になった場合、残された家族が返済義務を負うことはありません。また、住宅ローン返済中に震災に遭った被災者の方々に対して、各金融機関では、さまざまな救済措置があります。

解説

　住宅ローンを返済している最中に、震災で本人が亡くなったり、家屋が倒壊して住めなくなったりした場合などに、その後の返済はどうなるのでしょうか。

住宅ローン返済中に本人が亡くなった場合

- 住宅ローンを借りる際には、団体信用生命保険（以下「団信」という）に加入するのが一般的です。また、「フラット35」においては、任意で団信に加入します。
- 本人が死亡あるいは高度障害になった場合、団信の保険金で住宅ローンの残債が支払われ、残された家族が返済義務を負うことはありません。
- 住宅ローンには、さまざまな商品があります。たとえば、「自然災害時返済一部免除特約付住宅ローン」などです。住宅ローンを選択する場合には、利率以外の条件についても確認しましょう。
- 死亡、高度障害の原因が、「戦乱その他の変乱、地震、噴火、津波」によるときは免責となっていることが多く、原則として保険金は支払われません。

58　第1章　戸建て住宅を守る

- 阪神・淡路大震災、東日本大震災など、これまでの地震では、今のところ免責条項は適用されていません。しかし、今後も保険金が確実に支払われるものではありません。

住宅ローン返済の救済措置

　家屋が倒壊し、住めない状態になっても、住宅ローンは残ります。新たな住まいが確保できても、二重ローンや家賃との二重払いという負担が加算されます。

　住宅ローンを返済中に被災した人に対して、各金融機関ではさまざまな救済措置が取られます。住宅金融支援機構では、東日本大震災では図表のような特例措置を取っています。

返済方法の変更について

返済方法の変更 罹災割合	返済金の払込の据置	返済期間延長	据置期間中の利率の引下げ
30％未満	1年	1年	0.5％引き下げた金利又は1.5％のいずれか低い方
30％以上60％未満	最長3年	最長3年	1.0引き下げた金利又は1.0％のいずれか低い方
60％以上	最長5年	最長5年	1.5％引き下げた金利又は0.5％のいずれか低い方

（※）　住宅金融支援機構ホームページより

　なお、東日本大震災の被災者が、「私的整理」で震災前の住宅ローンを減額する場合の手元に残すことができる現金の上限が、以前の99万円から500万円に引き上げられたので、被災者の負担は軽くなり、利用しやすくなりました（問合せ：金融機関や弁護士らでつくる「個人版私的整理指針運営委員会」の個人版私的整理ガイドラインコールセンター（0120-380-883）まで）。

Q25 震災で倒壊した建物に借入金が残っている場合は

震災によって借入金により購入した建物の銀行債務は、免除してもらえるものなのでしょうか。

A

居住している住宅が地震により倒壊した場合であっても、銀行に対する借入金債務は免除されませんし、国や地方公共団体も直接損害の補償などはしてくれません。地震保険などにより、リスクを回避する必要があります。

解説

住宅ローンは免除されない

　地震、津波などの災害により自宅に居住できなくなった場合であっても、返済中のローンは免除されることはありません。また、自宅を原状回復のために修繕したり建替えをすれば、その分資金負担が増加して、二重ローンになってしまい、災害復興の大きな妨げになってしまいます。

　そのような事情を考慮して、大災害時には政府の災害復興支援のもと、銀行等の返済猶予や金利の減免、支払期間の延長が行われます。また、担保評価に関しても、震災時の残債額に加えて新しい建物と土地を評価してローンを締結します。つまり、担保価値以上の融資になるわけですが、その分は無担保での貸付けとなります。

マンションの場合には所有者の合意が必要

　多くの人が区分所有するマンションについて地震により改修や建替えが必要な場合、住人で構成する管理組合の総意で決定されます。通常は以下の住人の合意が必要となります。また、改修は住人が管理組合に積み立ててある修繕積立金以内の金額であれば、取り崩して充当されますが、修繕積立金以上の負担

となる場合には、各所有者に負担が及びます。
① 被害が2分の1以下の場合：全所有者の3分の2以上の賛成
② 被害が2分の1以上の場合：全所有者の4分の3以上の賛成
③ マンションが倒壊した場合：全所有者の5分の4以上の賛成で建替え（※）
（※） 管理組合総会で建替えが決議されても、反対者がいた場合にはその持分を買い取らなければなりません。

倒壊リスクには地震保険で対応

　もし、地震で居宅が倒壊した場合、上記のとおり基本的には救済措置がないものと考えなければなりません。したがって、防衛策としては、
① 住宅ローンに見合う地震保険に加入
② あまり住宅ローンに頼らない資金計画にする
必要があります。

Q26 震災後に住宅を再建する場合の融資制度は

震災により、住宅に被害を受けた場合の、住宅の建設や補修をするための融資制度には、どのようなものがありますか。

A

震災後に、住宅の建設や補修を行う場合の低利の融資制度としては、①住宅金融支援機構が行う災害復興住宅融資と、②地方自治体によっては住宅の建設などのための資金融資があります。

解説

住宅再建のための資金融資

住宅の建設や補修のための低利の融資があります。ただし、融資を受けられるのは、ある程度の収入のある人に限られています。

住宅金融支援機構が行う災害復興住宅融資

東日本大震災により住宅に被害を受けた場合、平成28年3月31日まで（建築制限がかけられている地域では建築制限解除後6か月以内）に限り、住宅建設や補修のために次のような融資を受けることができます。

融資金利

① 建設・購入の場合

平成23年5月27日現在	当初5年間	6～10年目	11年目以降
基本融資額	年0.00%	年1.14%	年1.67%
特例加算	年2.57%		

② 補修の場合

平成23年5月27日現在	当初5年間	6年目以降
	年1.00%	年1.67%

（※1） 申込み時の金利が適用される「全期間固定金利」。
（※2） 融資金利は原則として毎月改定する。

融資限度額

> ① 建設の場合（土地を取得して木造（一般）の住宅を建設する場合）
> 　基本融資額1,400万円＋土地取得費970万円＋特例加算額450万円
> ② 補修の場合（木造の住宅の補修の場合）
> 　基本融資額590万円（引方移転・整地を伴う場合は＋380万円）

（※） 各所要額（建設費・補修費など）が上記金額よりも低い場合は、その金額が限度となる（10万円以上、10万円単位）。

利用条件

> ● 地方公共団体が発行した「罹災証明書」の提出などの条件あり

地方自治体による資金融資

　地方自治体によっては、住宅の新築などのために緊急支援融資を行う場合があります。新潟県中越地震の際には、長岡市で「被災住宅復興資金」の貸付けが行われました。

高齢者のための住宅ローン

　高齢者が被災し住宅が全半壊などの被害にあった場合、自力での補修や建替えが難しい場合があります。たとえば、住宅金融支援機構の災害復興住宅融資（東日本大震災適用）では、次のようなものがあります。

① 親子リレー返済

　将来、住宅ローンの返済を子どもが引き継ぐことで、借入本人の年齢が70歳以上でも申込みができる住宅ローンです。申込み本人の子どもや配偶者で定期的収入があり、連帯保証人になることができることなどが要件です。借入申込み時の後継者の年齢を基に返済期間を計算し、設定することができます。

② 親孝行ローン

　被災した満60歳以上の親（父母あるいは祖父母）が住むための住宅を建設・購入または補修する場合、親孝行ローンとして自宅を再建する資金の融資を子どもが単独で受けることができます。被災住宅の居住者が融資を利用する人やその配偶者の直系尊属などの要件があります。返済期間は子どもが80歳になるまでの期間です。

（※）　これらの制度の詳細については、住宅金融支援機構のホームページなどをご参照ください。

Q27 震災後に住宅を再建する場合の融資以外の支援制度は

震災後に、住宅の建設や購入、補修、賃借などをする場合に適用される支援制度には、どのようなものがありますか。

A

①被災者生活再建支援法に基づく支援金の支給制度と、②この国の制度の要件を地方自治体で緩和した独自の制度、③災害救助法に基づく住宅の応急修理制度、④地方自治体の被災者住宅復興資金貸付金の利子補給制度があります。

解説

被災者生活再建支援制度について

1995年の阪神・淡路大震災の発生により、1998年に「被災者生活再建支援法」が施行されました。これは国が支援金を支給する制度で、住宅の建設・購入、補修、賃借などの再建方法に応じて適用されます。世帯人数や、家屋が全壊か大規模半壊かなどによっても、支給限度額が異なります。詳しくはQ28をご参照ください。

地方自治体による条件緩和について

地方自治体によっては、被災者生活再建支援法における国の制度に追加して、要件を緩和した独自の制度を定めている場合があります。

災害救助法による住宅の応急修理制度について

大規模半壊または半壊の被害を受けた住宅のうち、応急的な修理を行えば避難所等から自宅に戻って日常生活が送ることが可能な場合に利用できる、「住宅の応急修理制度」があります。

この制度は、世帯年収や世帯人員等の要件があり、自力で応急修理ができない場合に日常生活に必要な最小限度の部分を応急的に修理します（平成21年

度基準で修理限度額 1 世帯あたり 52 万円：現物支給）。また、国で決められた制度に上乗せして、自治体独自の制度を定めている場合があります。

　新潟県では、東日本大震災（2011 年 3 月 12 日 3 時 59 分頃発生の長野県北部の地震を含む）で被災した住宅について、限度額の範囲内で、災害救助法に基づく住宅の応急修理（国の制度）と、新潟県独自の住宅の応急修理（県の制度）の両方の制度を利用することができます。

被災者住宅復興資金貸付金の利子補給制度について

　被災者が住宅を建設、購入あるいは補修するために金融機関で融資を受ける場合、その利子の一部を地方自治体が助成する制度があります。これは国の制度ではなく、地方自治体が独自の判断により行うものです。

各地方公共団体の東日本大震災の対応について

　岩手県では、東日本大震災で住宅を失った被災者が住宅を新築する際に、最大 565 万円を補助します。

岩手県の住宅を新築する被災者支援制度

住宅ローンの利子補給	最大135万円
バリアフリー化や県産材利用による補助	最大130万円
宅地復旧費の補助	最大200万円
被災者生活再建支援金（計300万円）の受給者に上乗せ（市町村と共同）	最大100万円

　宮城県山元町では、津波被害に遭った沿岸部からの集団移転を促す目的で、東日本大震災で住宅を失った世帯に対し、町が整備する住宅団地に移って家を建てる場合に最大 150 万円を補助する制度があります。

　また、福島県新地町は、東日本大震災の津波で被害を受けた土地から高台への集団移転を計画していますが、移転跡地の買い取り額を震災前の公示地価の 8 割超と決めています。これは、震災後の下落を反映した国税庁の調整率では、同町の路線価は最大 7 割減と評価されましたが、道路整備などによる地価回復分を見込んで買い取り額を決めた阪神大震災などを参考に決定されています。

Q28 震災に遭った場合の公的支援および経済的支援は

被災した場合の公的な支援と、金融機関などからの経済的な支援には、どのようなものがありますか。

A

被災者生活再建支援法に基づく支援と、地方自治体の災害弔慰金・災害障害見舞金・災害義援金、市町村の災害援護資金貸付、日本政策金融公庫などの年金を担保にした融資制度（災害時に限らない）などがあります。

解説

公的支援にはどのようなものがあるか

- 東日本大震災の被災者支援で、国や県の支援制度をネット上でまとめて検索できるサービスに「復旧・復興支援制度検索サービス（経済産業省）」があります（http://www.r-assistance.go.jp）。
- このサービスは、国や被災3県の支援制度を中心に、計424件の中から、被災者の要望に沿った形で探すことが可能です。
- 個人なら「住宅を建設したい」「就職したい」「原発関係の検査を受けたい」など34種類、事業者は業種と「資金繰り」など6種類の要望から選べます。
- 時間の経過とともに制度の見直しは頻繁に行われるので、制度の変更などの最新情報を常に把握するのに、かなり有効なサービスです。

被災者生活再建支援法による支援

- 被災者生活再建支援制度は、災害により住宅が全壊するなど、生活基盤に著しい被害を受けた世帯に対して支援金を支給する国の制度です。支給額は、下記2つの支援金の合計額になります（世帯人数が1人の場合は、各該当欄の金額が4分の3になります）。

被災者生活再建支援制度（支援金の支給額）
① 住宅の被害程度に応じて支給する支援金（基礎支援金）

住宅の被害程度	全壊・解体・長期避難	大規模半壊
支給額	100万円	50万円

② 住宅の再建方法に応じて支給する支援金（加算支援金）

住宅の再建方法	建設・購入	補修	賃借（公営住宅以外）
支給額	200万円	100万円	50万円

（※）　いったん住宅を賃借した後、自ら居住する住宅を建設・購入（または補修）する場合は、合計で200万円（または100万円）。

災害弔慰金、災害障害見舞金、災害義援金

- 災害弔慰金は、災害により死亡した人のご遺族に対して支給されます。
- 災害障害見舞金は、災害による負傷、疾病で精神または身体に著しい障害が出た人に対して支給されます。
- 災害義援金は、日本赤十字社、中央共同募金会、郵便局や銀行、テレビ局、新聞社などさまざまなところで受付けがされています。この義援金を公平に配分するため、災害義援金配分委員会が組織され、生命、財産などの被災状況に応じて配分されます。手続きについてはお住まいの地方自治体に確認してください。

災害弔慰金

生計維持者の死亡	500万円を超えない範囲内
その他の者の死亡	250万円を超えない範囲内
受給遺族	①配偶者、②子、③父母、④孫、⑤祖父母

災害障害見舞金

生計維持者の障害	250万円を超えない範囲内
その他の者の障害	125万円を超えない範囲内
受給者	災害により重度の障害（両眼失明、要常時介護、両上肢ひじ関節以上切断等）を受けた方

その他の制度

① 災害援護資金（貸付）
- 災害による世帯主の負傷、住宅や家財の損害など生活再建に必要な資金を貸し付けてくれる「災害援護資金（貸付）」という制度があります（取扱窓口：市町村）。
- 東日本大震災では、据置期間の延長の特例があり、据置期間6年間（特別の場合は8年間）は無利子（条件あり）となり、被災状況に応じて150万円から350万円の資金を借りることができます。

② 日本政策金融公庫・福祉医療機構の高齢者融資制度
- 高齢者の世帯などが、災害時に限らず、年金（共済年金、厚生年金、労災年金など）を担保に教育費や居住関係費、事業資金等を最大250万円（ただし、共済年金の場合、年額の3年分が限度）の融資を受けられる制度があります（問合せ先：日本政策金融公庫、福祉医療機構）。

金融機関および保険会社などの支援

① 金融機関
- 預金証書や通帳、届出の印鑑等を紛失しても、預金者であることを確認できれば、一定額の払戻しが可能です。
- 事情によっては、定期預金や定期積金が期限前であっても払戻しに応じたり、これを担保とする貸付にも応じることもあります。
- 個別の事案（預金者本人が死亡したり行方不明になっている場合など）については、まずは取引先の金融機関に相談してみましょう。

② 保険会社
- 生命保険、損害保険の保険料の払込みは申し出などにより最長6か月間猶予（東日本大震災では、生命保険契約については申し出によりさらに3か月延長）されます。
- 保険金の請求に際しても、一部書類を省略したりして、簡易迅速な取扱いをしています。
- 地震保険の加入の有無がわからない場合でも、（社）日本損害保険協会等に

て契約の有無や契約先の損害保険会社を調べることができます。
- 保険証券を紛失したり、運転免許証など本人確認の書類がない場合でも、地震保険の請求は可能です。
- すぐに地震保険の請求ができない場合でも、地震発生から3年間は保険金の請求をすることができます。

③ クレジットカード会社
- クレジットカードの紛失や利用代金決済については、各クレジットカード会社に問い合わせましょう。

④ 地震保険に加入している場合の受取り金額
- 全損なら契約金額の全額、半損なら50％、一部損なら5％が支払われます。
- それぞれ時価が限度です。
- 損害が「一部損」に達しない場合は、保険金は支払われません（詳細はQ22を参照してください）。

⑤ 生活費の確保を支援する制度
- 災害により就業自体が困難な場合には、以下のような制度があります。

会社から賃金が支払われないときまたは休業するとき

① 未払賃金立替払制度
- 未払賃金立替払制度は、会社が倒産したため、賃金が支払われなかったときなど、未払賃金の一定範囲を、事業主に代わって、労働者健康福祉機構が支払う制度です。
- 「破産」の場合と「事実上の倒産」などで、手続方法が異なる場合もあります。
- 会社が倒産などで給料が支払われないまま、退職せざるを得なかった場合、未払いとなっている賃金総額のうち80％を限度に、国が立て替えて払ってくれます。
- 対象となるのは、退職日の6か月前から立替請求日の前日までの期限が到来している定期賃金と退職手当のうち未払いとなっている金額です（上限あり）。

4　税金・保険・ローン対策

- ボーナスは対象となりません（問合せ先：労働基準監督署、独立行政法人労働者健康福祉機構）。
② 雇用保険の特例
- 会社が被災して、やむを得ずしばらく休業する場合、実際に離職していなくても雇用保険の基本手当と同様の給付が受け取れます。
- 会社が災害救助法の指定地域にある場合、再雇用を約束してくれているときにも利用できます。
- ただ、基本手当と同様ですので、いったん受給してしまうと、また最初から受給資格を満たさないと、次回失業した場合に、基本手当が受給できません（問合せ先：ハローワーク（公共職業安定所））。
- 雇用保険から基本手当の代わりに休業手当の特例を受ける場合、会社からの手続きが必要になります。
- もし、会社が休業手当を支払うことができるのであれば、会社が助成金を受給できる場合があります（問合せ先：ハローワーク（公共職業安定所））。

遺族年金の請求
- 仕事中に、業務が原因（地震や津波により建物が倒壊したこと等）で死亡した場合、労働者災害補償保険（労災）と国民年金（厚生年金）の両方から遺族年金が支給されることがあります（ただし、同一の理由の場合は、労災法による遺族補償年金が一定額減額されます。問合せ先：年金事務所（年金）、労働基準監督署（労災））。

国民健康保険料・介護保険料等の減免・猶予
- 国民健康保険料や医療費の一部負担金、健康保険料、介護保険料などについて特別措置が講じられています。保険者によって取扱いが異なります（問合せ先：健康保険組合、協会けんぽ、共済組合、市町村など）。

公共料金等の減免・免除
- 電気、ガス、電話料金などの公共料金、保育料等の減免や放送受信料の免除が実施されることがあります（問合せ先：都道府県、市町村、関係事業者（各種公共料金）、日本放送協会（放送受信料））。

国民年金保険料の免除制度・若年者納付猶予制度
- 保険料の全額、半額、4分の1、4分の3などを免除する制度があります。
- 経済的な理由で国民年金保険料を納付することが困難な場合に利用できます。
- 障害を負ったり、死亡した場合でも、保険料の免除申請や猶予制度の申請の手続きを忘れて未納者となった場合は、年金を受け取ることができません。

日本学生支援機構などの奨学金制度やその他の就学支援
① 日本学生支援機構の奨学金制度
- 被災して、世帯主の負傷や会社の倒産で、子どもの学費に困る場合は、緊急時の奨学金制度があります。
- 第1種（無利息）と第2種（利子付）があります。
- 災害救助法の適用地域に居住する方は、基本的に受け付けられます（相談先：子どもの学校）。

② 就学支援
- 小中学生に、学用品費や学校給食費などを支援する制度もあります。

日本銀行の損傷した紙幣の引換え
- 日本銀行では、紙幣が破れたり燃えたりした場合には、新しい紙幣に引き換えてくれます。
- 紙幣に表裏両面がないと引換えできません。
- 紙幣が燃えて灰になった場合でも、残った部分が紙幣であると確認できれば、引換え可能です。
- 持込み紙幣の引換えには、面積基準があります。
- 残っている紙幣の面積が3分の2以上の場合は、全額を引換えできます。
- 残っている紙幣の面積が5分の2以上3分の2未満の場合は、半額を引換えできます。
- 残っている紙幣の面積が5分の2未満の場合は、引換えできません。
- 紙幣が燃えてしまってもあきらめず、日本銀行の本支店、または銀行など

に持ち込みましょう。

地方自治体の葬祭の実施（災害救助法）
- 災害救助法が適用された市町村で、地方自治体が、遺体の埋葬（火葬）が困難な遺族に代わって、応急的に埋葬を行う制度です。

東日本大震災に対する支援策
- 東日本大震災に対しては、次のような支援策もあります。
- 東日本大震災復興特別貸付（融資）。
- 東日本復興緊急保証（信用保証）。
- 上記の他に、セーフティネット保証（信用保証）、一般保証（信用保証）があります(問合せ先：関係金融機関(日本政策金融公庫、信用保証協会など))。

第2章

分譲マンションを守る

1 土地を守る

Q29 マンションの土地は測量が済んでいるのか

マンションの土地は、測量が済んでいて問題がないと聞いていますが、本当ですか。

A

本当です。しかし建築が古いものであったり、小型のマンションでは境界が確認されていないことも稀にあります。まずは調べてみましょう。

解説

マンションの土地を処分するときには多大な労力がかかる

　マンションの土地（敷地）は、住む人全員の共有財産になりますので、売りに出されるときには隣接との立会いを済ませ、境界を承諾しあう旨の確認書類を交わしていることがほとんどです。これは、買ったあとに境界に問題があると、共有者全員の承諾が必要で、（場合により印鑑証明書付きの実印で）理事会や全体集会を何度も開くことになります。その労力はとても大変なものです。そのため、分譲前にきちんとしているケースがほとんどです。まずは法務局で土地登記事項証明書を取得してから始めてみましょう。

問題のない土地はすぐわかる

　大手建設会社の分譲土地の大半は、土地地積更正登記（Q5参照）をしています。実際に測った土地の面積を法務局にある登記事項の面積欄に反映させておくことです。この手続きには隣接する土地所有者全員と承諾を取り交わし、境界を確定していることが条件で、やるべきことがすべて済んでいる土地ということがわかります。土地分筆登記（＝土地を複数に分ける）でもほぼ同じ手続きをしています。土地の登記事項証明書の表題部備考欄に登記した旨の文言「③錯誤」「③分筆」の記載で確認できます。法務局で敷地の地積測量図を取得

してください。そこに記載された内容が敷地を測量した証明となります。
登記事項証明書の表題部の備考欄に「換地処分」や「公有水面埋立」という文言があれば、市区町村の役場に図面が備え付けられていますので、確認してみてください。

問題があるかどうかの調査方法

　図面が見つからない場合には、分譲業者に問い合わせてみます。「境界について、隣接の所有者と承諾書を取り交わした図面と書類を保管していませんか」と聞いてみてください。ない場合には建築確認図面を見てみましょう。そして登記事項証明書の地積欄と建築確認書の面積欄が同じかどうか見てください。違っている場合には、売買したときの重要事項説明書を見て、土地敷地境界についてどのように書かれているか確認してください。最後に、敷地の周りに境界杭があるか調査します。法務局や市区町村に測量した図面がない、隣地承諾書がない、境界杭が見つからない。これらのケースは問題があります。

問題がある場合や確認が得られない場合には

　境界確認が済んでいないマンションで、境界に問題があれば、建替えができなかったり、住んでいる住居の面積を確保できなくなるケースもありえます。土地家屋調査士に相談してみましょう。

表　題　部	（土地の表示）		調製	昭和63年10月6日	不動産番号	〇〇〇〇〇
地図番号	余白	筆界特定	余白			
所　在	〇〇〇〇一丁目				余白	
	〇〇〇〇一丁目				昭和四壱年五月壱日変更 昭和四壱年五月六日変更	
①　地　番	②　地　目	③　地　積　㎡			原因及びその日付〔登記の日付〕	
八番五	宅地		750	41	余白	
余白	余白	余白			昭和六参年法務省令第参七号附則第弐条第弐項の規定により移記 昭和六参年壱〇月六日	
余白	余白		750	77	③錯誤 〔平成23年2月24日〕	

「③錯誤」土地地積更正登記済であることを確認できる。

Q30 分譲マンションの地盤は安全といえるのか

分譲マンションを購入しようとしています。営業マンが、「鉄筋コンクリート造は安定した地盤までしっかり杭を打ち込んでいるので地震にも強いのです」と話していましたが、分譲マンションの場合、地盤の状況による安全性の違いはないのでしょうか。

A

分譲マンションは、基本的に安定した地盤まで杭を打ち込むため、新耐震設計（1981年6月）以降の物件で、設計どおりに施工されていれば、建物自体が倒壊するリスクはほとんどありません。ただし、液状化が起こる可能性のある地域の場合は、建物自体が大丈夫でも、周囲のインフラが液状化現象等により機能不全に陥ることが想定されます。また、建っている場所が断層付近であったり、高層階の場合には揺れが激しく、10階以上の階で食器棚が倒れたという報告も数多く寄せられています。

解説

分譲マンション自体は安全

　分譲マンションは鉄筋コンクリート造または鉄骨鉄筋コンクリート造で建設されている場合が多く、摩擦杭等を使用している場合を除き、基本的に「支持層」と呼ばれる地盤まで杭を打ち込んでいるため、1981年6月以降に建築確認申請を受け付けたもので、新耐震設計で設計図どおりに施工されていれば、建物自体が倒壊するリスクは地盤のよしあしにかかわらずほとんどあり得ません。

　ただし、舗装された駐車場や鉄骨でできた立体駐車場等は液状化の被害を受ける場合があります。また、新耐震設計では震度6強〜7の大地震に対して倒

壊しないという設計基準ですから、一部が崩壊して使用できなくなる可能性はあります。

周囲の地盤が悪ければインフラは停止する

　最近の分譲マンションは非常用電源、備蓄倉庫等を備え、また太陽発電による自家発電等も可能で、数日程度であれば災害時の停電や断水等に耐えられることを売りにしている物件も登場しています。

　しかしながら、今回の震災で大規模な液状化が発生した千葉県浦安地区では、鉄筋コンクリート造のマンション自体は大丈夫でも、周辺インフラが数週間以上寸断された場所もあり、水道や下水の復旧が進まず、また電柱が傾いて危険な個所もありました。これらもリスクとして捉えた場合には、「地盤のよしあしによりインフラの機能不全に陥る」、つまり「地盤の状況により安全性に違いがでる」ともいえるのです。

マンション特有のリスク

　マンション特有のリスクとしては、地震によりエレベーターが止まり、高層階の住人が不自由を強いられることや、高層階は地震時の揺れが激しく、室内の食器戸棚等の転倒リスクが高まることなどです。一般的に、10階程度以上であれば、揺れは低層階と比較して大きくなります。

　タワーマンションのような超高層マンションの場合には、長周期地震動による長時間にわたる揺れも大きなリスクとなります。

　また、地震による外壁タイルの剥落や、ひび割れ等が生じ、修繕工事が必要になるケースもありますが、これらの修繕工事を行うには、集会を開いてマンションの所有者である区分所有者と議決権者のそれぞれ過半数の賛成（普通議決権）が要件となります。大規模に損壊した場合には最悪建替えとなり、これには区分所有者と議決権者のそれぞれの5分の4以上の賛成が必要になります。

鉄筋コンクリート造でも過信は禁物

　今回の震災で起きたレアなケースですが、鉄筋コンクリート造の建物が、液状化で杭がぐらついた状態のままで津波を受け、杭ごと引き抜かれて横転した

との報告もあります。

　老朽化したマンションでは、一般的に注意が必要といわれている 0.3mm 以上のひび割れどころか 10mm 以上の無数のひび割れ（構造クラック）が生じ、危険な状態となるケースもあります。築 40 年以上経過したマンションにはより一層の安全対策が求められます。下記の写真のマンションは都心部のマンションですが、数十ミリの無数の構造クラックが縦横に発生しています。

震災により被災した都心部の老朽化マンション

Q31 マンションの土台は安全か

マンションに住んでいます。地震のとき、マンションの土台は安全ですか。

A

鉄筋コンクリート造のマンションは木造住宅と違い、土台はありません。地盤の上に基礎があり、その上に壁、柱、梁があります。基礎の安全性は地盤の状態、建物の形状、建物の重さなどに影響を受けます。したがって、建物の重さと地盤の重さを支える力がバランスが取れていること、基礎の形が適切であることが重要です。詳しい内容に関しては、マンションの管理会社を通して、専門家に確認することをお勧めします。

解説

鉄筋コンクリート造の建物は重い

　鉄筋コンクリート造の建物は、同じ大きさの木造の建物と比べると、その重さは約7倍重いのです。同じ大きさの建物でも木造と鉄筋コンクリート造では基礎の設計は異なります。建物を支える地盤の必要な強さも異なります。重いものを支えるにはよりしっかりした地盤が必要になります。地盤の強さが十分でない場合は、杭を地面に打ち込み支えます。

　たとえば、鉄筋コンクリート造5階建てのマンションの$1m^2$当たりの重さを計算してみます。鉄筋コンクリート造の1階以外の階の$1m^2$当たりの重さは1.7トンです。1階の基礎は$1m^2$当たり2.2トンです。合計としては$1m^2$当たり1.7トン×5階＋2.2トン＝10.7トンです。建物の形状はきれいな長方形でないために建物の重さを少し重めにみて計算すると、$1m^2$当たり10.7トン×1.1＝約12.0トンとなります。2階建て木造住宅の場合は$1m^2$当たり約1.5トンです。

重い建物を支える方法

　1m^{2}当たり12トンの重さの建物を支えるためにはどうしたらよいでしょうか。重要なことは、地盤の重さに耐える力（「地耐力」といいます）と建物の重さのバランスが取れていることです。つまり、地耐力が1m^{2}当たり12トンの土地では、鉄筋コンクリート造5階建てのマンションをコンクリートの基礎の上に建てることができます。しかしながら、土地によっては地耐力が1m^{2}当たり12トンの場所が地中深くにある場合があります。その場合、地中深くまでコンクリートを流して基礎をつくると、コンクリート自体の重さが大きくなり、建物を建てられなくなります。そこで、コンクリートより軽い金属製の杭をコンクリートの代わりに打ち込み、建物の重さを地耐力が1m^{2}当たり12トンある場所（「支持地盤」といいます）まで伝えます。

地盤調査と基礎の種類

　どのタイプの基礎を使用するかは建物の形、重さ、地盤の状態により決まります。その地盤の状態を調べるためには地盤調査を行います。通常鉄筋コンクリート造の建物の場合、ボーリング調査という詳細な地質調査を行います。この調査の結果と建物の基礎の種類が適正かどうかを確認することが重要です。確認は専門家にお願いすることをお勧めします。基礎の種類は図表のように地盤の状態によってさまざまです。ボーリング調査の特徴は、**Q40**を参照してください。

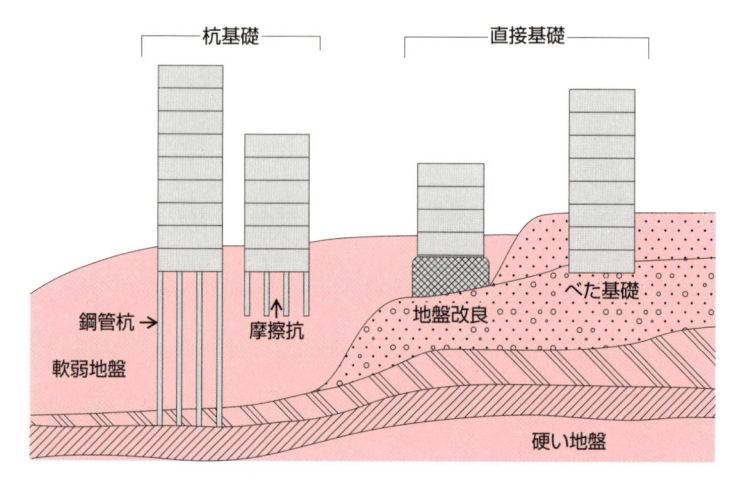

2 建物を守る

Q32 新耐震基準だから安心とはいえないマンション

現在、築20年の鉄筋コンクリート造のマンションに住んでいますが、新耐震基準（1981年）ができた以降に建てられたので、大地震がきても大丈夫でしょうか。

A

基本的には大丈夫です。しかし、1995年の阪神・淡路大震災でピロティ形式のマンションに大きな被害が出たため、同年の10月には耐震基準の新たな指針が決められ、ピロティ部分の強度について割増しが行われましたので、1995年以前の建物で、1階が駐車場などのピロティになっている建物については、専門家による耐震診断を行うことをお勧めします。

解 説

耐震基準の変遷

1978年の宮城沖地震の被災状況を受けて、1981年に建築基準法が改正されました（新耐震基準）。この新耐震基準は、大地震（震度6強〜7）が起きても建物が倒壊しない耐震力をもたせることを目的につくられましたが、1995年の阪神・淡路大震災で、新耐震基準以降に建てられたマンションでもピロティ形式の建物で被害がでたため、同年に構造指針が改定されました。

大地震で弱いマンションとは

① 1階が駐車場や店舗など壁がなく柱がほとんどの建物（ピロティ形式建物）

マンションの1階が駐車場や店舗の建物は少なくありません。オフィスビルのように建物全体が柱で構成されていればバランスがよいのですが、マンションでは2階以上はコンクリートの戸境壁になっています。コンクリートの戸境壁は耐力壁になっていて、非常に強く、1階が柱だけのピロティだと2

階より弱いことになります。そのバランスの悪さによって、地震時に1階の柱が崩壊するケースがあるのです。

② 平面形状がコ字形、L字形、ロ字形など形状が不整形な建物

　平面形状が不整形だと、大地震時にそれぞれの場所の揺れが違ってきます。その動き方の違いが建物の角に当たる部分で崩壊につながるのです。角の部分が「エキスパンション」という構造的に分離する形式になっていれば、分離された建物ごとに揺れるため問題はありません。しかし、エキスパンション部分の離れが少ないと、大地震時に構造的に分離された建物同士がぶつかってしまうのです。

③ 平面図や立面図をみてバランスの悪い建物（矩形や対称でないもの）

　マンション全体の平面図をみて、矩形からほど遠かったり、平面が凸凹していたり、大きな吹き抜けがある場合は、地震に対して不利なのです。同様に、立体的に見た場合も、マンション全体がセットバックしていたり、斜面地に建っている場合は、地震に対して不利です。

④ 混合構造の建物（下層鉄骨鉄筋コンクリート造、上層鉄筋コンクリート造等）

　8階以上のマンションでは、中間階まで鉄骨鉄筋コンクリート造で上層が鉄筋コンクリート造という建物も少なくありません。構造が違う階で中間崩壊を起こす可能性もあるので、図面等で確認しておくとよいでしょう（上記に該当する建物でも、全てが危ないわけではなく、その度合いや入念な設計され施工された建物は安全な場合のほうが多いといえます）。

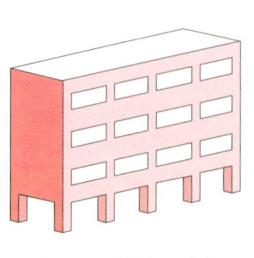

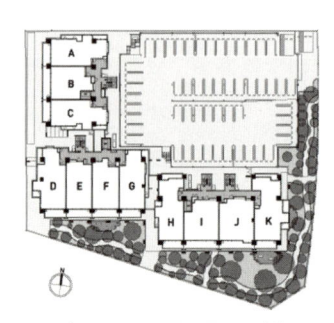

ピロティ形式の建物　　　　バランスの悪い平面形状

Q33 マンションの耐震性を確かめる方法

鉄筋コンクリート造の分譲マンションに住んでいます。マンションの耐震性を確かめる方法を教えてください。

A

耐震性を確認するうえでまず重要なのは、建物の完成年を調べることです。耐震基準は大きな被害をもたらした地震の後に改正されます。何年の耐震基準を適用しているかで大まかな耐震性がわかります。さらに詳しく耐震性を確認する場合は、建物の設計図面と構造計算書、そして敷地の地盤調査結果をそろえます。そして、専門家による耐震診断を行うことをお勧めします。建物の個性を考慮した耐震性がわかります。

解説

建物の完成年からわかる耐震性

1981年に耐震基準が大きく改正されました。「新耐震基準」といわれています。これ以降も耐震基準の見直しは行われていますが、1981年の新耐震基準で建築確認を取得しているかが耐震性を判断するうえで1つの目安となります。新耐震基準以前の基準で建設された建物の傾向としては、階数が多いほど、壁や柱が少ないほど、耐震性が低くなる傾向があります。一般的にはマンションでは階数が多くなると耐震性は低くなります。

新耐震基準以降の基準で建設された建物でも、必ずしも安全とはいえない場合があります。他の階に比べて極端に壁や柱が少ない階があると、そこに被害が集中しやすい傾向があります。たとえば、1階が駐車場で2階以上の階にある壁や柱がなくなっている場合です。このような建物は注意が必要です。

より詳しく耐震性を確認する方法

① 新耐震基準以前の基準で建設された建物の場合：耐震性が低い場合が多くみられます。専門家に相談し、耐震診断を行い、詳細な耐震性の確認をお勧めします。

② 新耐震基準以降の基準で建設された建物の場合：一般的には新耐震基準を満たす建物はおおむね耐震性は高いといえます。しかし、建物の形状が複雑であったり、崖地に建っていたり、上の階と下の階で大きく壁や柱の位置が変わっていたり、1階が駐車場になっている場合などは注意が必要です。また、建物外壁にひび割れが目立つ場合も注意が必要です。専門家に相談することをお勧めします。

耐震診断に必要なもの

耐震診断には以下の書類が必要です。分譲マンションの場合、マンションの管理会社に確認するとよいでしょう。

① 設計図（構造図面を含む）：建物で使用している柱、壁、梁の寸法とその中に含まれる鉄筋の情報が書かれています。

② 構造計算書：建物の耐震性を計算しています。計算書の中で具体的にどの部分の耐震性が低いかを数字で表しています。

③ 地盤調査結果（ボーリング調査結果）：地盤の強さを調査しています。調査した深さ、それぞれの深さでの地盤の強さ、地盤の種類等が記載されています。

耐震基準年表

年代	法改正の要点
1971年	木造の基礎はコンクリート造布基礎
1981年	新耐震設計表：大地震（震度6〜7）で建物が倒壊しない
1995年1月	鉄筋コンクリート造：ピロティ部分の強度・じん性の割増 鉄骨造：溶接の品質確保のための管理と検査
2000年6月	木造：地耐力に応じた基礎構造 壁をバランスよく配置、継ぎ手、仕口に金物が必須

Q34 震災時に頼りになる管理組合とは

震災時に頼りになる管理組合とは、どのような管理組合でしょうか。また、そのような管理組合をつくる秘訣はあるのでしょうか。

A

震災時に頼りになる管理組合とは、マンションの住人の連帯感と結束力に尽きると考えます。日頃から管理組合員同士の良好な付き合いが、震災時に大きな力と安心感につながるのです。

解 説

小規模と大規模の分譲マンション

　小規模の分譲マンションでは理事等の分担がすぐに回ってくるため、比較的コミュニケーションが取りやすいのですが、決まった人間しか理事をやらないという話も耳にします。大規模分譲マンションの場合は、隣人と疎遠になりがちになるといわれる一方、多目的ルームや温浴施設等の住民同士がコミュニティを取れる施設があったり、マンション内に同好会のようなものがあるなど、良好なコミュニティが形成されやすいともいわれます。一長一短の側面はありますが、大事なことは、自主参加しやすい管理組合の形成に尽きるのでしょう。

震災当日では

　震災当日、筆者のマンションは夜遅くまで停電となりました。各組合員の取った行動は、小さな子どもを抱えた母親や高齢者がいると思われる家庭を回り、声を掛け合い、要望に応じて１階のロビーに集合してもらうようにしました。管理人とも防災体制を確認し、割れて危険なガラスブロック周辺への立入りを禁止、各家庭から毛布や懐中電灯を持ちより、共同で使いました。また、日頃から付き合いのある近隣の管理組合とも連携をとり、非常事態に備えました。

管理組合の理事は通常30〜40代の男性が多いのですが、筆者の管理組合は女性の理事や年配の理事もいます。平日の午後に起きた震災にもかかわらず、管理組合の機能がうまく働いたのは、さまざまな年齢構成で管理組合の運営がなされていたこと、管理会社の社員とのコミュニケーションが良好であったこと、日頃の自主的な参加体制がある程度確立されていたことなどが要因ではないかと考えています。

震災時に頼りになる管理組合

　震災時に頼りになる管理組合とは、自主的に行動する管理組合員が多く、かつ、自分の資産としてマンションを大切にしている管理組合員が多いことが条件であると感じます。

　下記の項目が10ポイント以上あてはまれば、合格ラインの目安となるのではないでしょうか。

頼りになる管理組合のポイント

①	郵便受けにチラシ等が溜まっていない
②	ロビーの掲示板が定期的に更新されている
③	共用部分がしっかりと清掃されている
④	自転車がきちんと整理されて並んでいる
⑤	マンション内に同好会やサークル等がある
⑥	管理組合主催の夏祭り等が開催されている
⑦	防犯カメラがついている
⑧	有人管理が行われている
⑨	外構部の庭木の剪定が定期的に行われている
⑩	大規模修繕工事の計画が立てられている
⑪	法令で定められた避難訓練をしっかりと行っている
⑫	周辺のマンション管理組合とも定期的に情報交換をしている
⑬	住民同士があいさつを交わしている
⑭	防災マニュアルが作成されている

Q35 震災時に頼りになる管理会社とは

震災時に頼りになる管理会社とは、どのような管理会社でしょうか。

A

震災時に頼りになる管理会社とは、トラブルに対する対応が迅速であること、防災マニュアルを社員に周知させていること、管理組合と良好な関係を保ち担当の社員が定期的にマンションを訪問していること、一度担当として決まった社員の変更が頻繁にないこと、24時間有人管理の体制を取っていること（大規模マンションの場合）、これらの要件をおおむね満たしている管理会社であれば、震災時でも迅速な対応が期待できます。

解説

大規模マンションと小規模マンションの管理の違いとリスク

　一般的に、大規模マンションであるほど管理費には余裕があり、一部の都心部の高級マンションを除き、小規模マンションであるほど管理費の予算はきびしくなります。

　分譲マンションの管理費は首都圏で1m^{2}当たり平均220円程度であり、70m^{2}の部屋であれば1か月当たり1万5,000円程度になります。仮に総戸数が30戸の場合は月額30万円、300戸の場合には10倍の300万円の予算があることになります。エレベーターや消防設備の点検費用、共用部の清掃等の維持管理費用はマンションの規模に応じて変わりますが、予算が多ければ管理人が24時間常駐することも可能になります。管理人がマンションに常駐していれば、自然と住人の顔や家族構成を把握するようになり、震災等が発生した場合の高齢者の誘導などがスムーズに行われる可能性が高まります。

　一方、管理人と清掃人が兼務のようなマンションでは、たとえばゴミ出しの

日に合わせて出勤し、共用部を軽く清掃する程度の業務内容となってしまうかもしれません。このような管理の場合には、有事の際の緊急連絡体制もままならず、対応がまったくできない可能性が高いといえます。

日々のコミュニケーションが大切

　震災時に頼りになる管理会社の目安としては、担当者の変更があまりないことです。マンションの管理は「企業は人なり」という言葉のとおりの仕事といえます。いくら資本金が多く、立派な事務所を構えていても、最終的には現場を任されている担当者の資質によるところが大きいと感じます。管理費が高すぎるとして、コンサルタントに依頼し管理費削減を目指す管理組合の多くは、実はコスト削減が至上命題ではなく、管理会社の対応に対する不満が発端であることがほとんどです。

　管理組合が管理会社の担当者の意識を変えさせていくことにより、お互いのコミュニケーションを高めることが、最終的には、震災時に頼りになる管理会社（担当者）をつくるのではないでしょうか。最善を尽くしても管理会社（担当者）が変わらないのであれば、管理会社（担当者）の変更も辞さないという態度で管理会社にあたることも重要です。

Q36 震災に遭った分譲マンションの補修や建替えは

分譲マンションに居住していて震災に遭った場合、そのマンションの補修や建替えは、どのようにすればよいのでしょうか。

A

阪神・淡路大震災では、マンションの建替えは、区分所有者全員の同意が必要でしたが、その後の制度改正により、マンションの建替え等に係る法律の整備がなされています。

解説

分譲マンションが震災に遭った場合

1995年1月17日に発生した阪神・淡路大震災において、全半壊した分譲マンション（戸数10戸以上）は、兵庫県の調査によると172団地でした。震災当時はマンションが全部滅失した場合、区分所有者全員の合意がなければ建て替えることはできませんでした。その後、「被災区分所有建物の再建等に関する特別措置法」、「マンション建替えの円滑化等に関する法律」などが施行され、マンションの建替えに関する法律が整備されました。

マンションの補修

① 小規模滅失（滅失部分が建物の価格の2分の1以下）

区分所有法の規定では、それぞれの区分所有者が単独で専有部分、共用部分を復旧することができるとされています。しかし、共用部分については、管理組合の集会の普通決議（過半数の決議）で決められることがほとんどで、その復旧費用については、共用部分の持分割合に応じて区分所有者全員が費用を分担します。

② 大規模滅失（滅失部分が建物の価格の2分の1超）

　集会において、区分所有者および議決権の各4分の3以上の賛成があれば、共用部分の復旧を行うことができます。なお、これに賛成しなかった区分所有者は、賛成した区分所有者に対して、自己の所有分を時価で買い取るよう請求することができます。

マンションの建替え

　集会において、区分所有者および議決権の各5分の4以上の賛成があれば、マンションの建替えを行うことができます。なお、これに賛成した区分所有者は、賛成しなかった区分所有者に対して所有分を売ってほしいと請求することができます。

　マンションの建替えは、地震で崩壊または修理が不可能な場合だけでなく、老朽化による場合も同様な決議が必要です。しかし現実的には、建替え費用の全額を区分所有者が負担する必要があるため、全額負担による建替え決議がされた例は、全国的にみても10に満たない程度です。建て替えることができたのは、未利用の容積率をデベロッパーに売却して、その売却益を建替え費用に加えたり、住まいの面積が多少減少したとしても、建替え費用の負担のない未利用容積の等価交換という手法がほとんどなのです。ローンが終了していないマンションが被災した場合には、区分所有者が二重ローンをかかえるため、さらに建替えは難しいといえるでしょう。

都市再生住宅制度（従前居住者対策）の利用

　マンションの補修や建替えが決まった場合、それに賛成しなかった人は、結果としてそのマンションに住み続けることができなくなります。そこで、こういった居住者のために、国や地方自治体が公共賃貸住宅への優先入居などの措置を講じる制度があります。この制度では、公営住宅などへの斡旋を行い、最長20年の家賃補助があります。この制度は、賃貸マンションなどに住んでいた人が被災した場合にも利用できます。

3 コミュニティを守る

Q37 同じマンションの住人をもっとよく知ろう

同じマンションの住人と顔を合わせる機会がありません。東日本大震災以降、マスコミ等でコミュニティの重要性をよく耳にします。どうしたらよいですか。

A

同じマンションの住人を知ることはよいことだと思います。小さなこと、自分でできることを見つけ、少しだけ勇気を出して、同じマンションの人にあいさつすることから始めてみることをお勧めします。

解説

近所づきあいがあなたを守る

　地震が発生し、マンションのエレベーターや階段を始め、さまざまなところに被害が出た結果、部屋から出られなくなったとしましょう。もし同じマンションの住人があなたのことを知っていたら、救出に来た人たちに誰かがあなたが避難してきた人の中にいないことを伝えてくれるでしょう。もしあなたのことを誰も知らなかったら、救出に来るのが遅れるかもしれません。

　救出現場で重要なのは情報です。同じマンションの住人同士がお互いを知っていることは重要です。なぜなら震災後の救出は時間との勝負だからです。

震災直後だけではない近所づきあいの重要性

　阪神淡路大震災はその発生から15年以上が経ち、被災地は復興をとげました。震災直後は多くのマンションが傾き、そのままでは住めない物件が多く発生しました。現在ではそれらのマンションは住人同士の話し合いの結果、大規模な修繕を行うか、建替えを行うなどして、再生しました。

　その復興への道のりは決して容易ではなく、すべての住人が、マンション再生の方法について話し合いに参加して、結論を出さなければなりません。マン

ションを建て替えるかもしれない重要な話し合いです。住人同士がお互いを理解・尊重しないと結論にたどりつくのは難しいでしょう。日頃から同じマンションに住んでいるという意識をもって生活すると、いざというときにあなたを守る大きな力になります。分譲マンションはそこに住んでいるすべての人の共有財産です。

近所づきあいをどのように始めるか

まずはマンションですれ違う人とあいさつをする。住人による話し合いの場があれば、顔を出すだけでもよいので参加する。管理組合主催の会合、イベントがあれば参加する。気をつけてみると、同じマンションの住人と知り合う機会はあるものです。また、マンションが建っている地域の自治会、老人会、子ども会などの集まりやお祭りに参加してみるのもよいと思います。同じマンションの人と知り合えるチャンスです。

ここでいう近所づきあいとは、友だちになるという意味ではありません。お互いが顔見知りになり、いつでも話ができるようになることです。もちろん友だちがたくさんできれば、それに越したことはありません。

近所づきあいのもう1つの価値

わが国はすでに必要以上の住宅があります。そして人口は減っていきます。つまり空き家が多くなるということです。これは分譲マンションの住人にとっても重要な問題です。マンションに空室が多くなると、予定していた修繕用の積立金が貯まりません。結果として、予定どおり修繕ができないことが予想されます。これはマンションの価値を下げることにつながります。住人同士の良好なコミュニティがあるマンションは、空室の数も少ないと思います。このような観点からも、住人同士が知り合いのマンションは価値があります。

Q38 高齢者のマンション生活術
日頃からできる準備

私は78歳、主人は84歳の高齢夫婦です。長年、駅前の高層マンションの15階に住んでいます。主人は5年前から足腰が弱くなり、今は車いすに頼った生活です。大地震に遭った場合、逃げることもできず生活が心配です。安心して生活が送れるような方法はありませんか。

A

高層マンションの場合、地震が原因でマンションが倒壊するということよりも、地震が原因で停電が発生し、エレベーターや水道などのライフラインが止まり、孤立無縁になることのほうが心配です。日頃から食料や日用品を備蓄し、自己防衛することも大切ですが、分譲マンションの場合、管理組合を巻き込んで、防災対策を考えることが重要です。

解 説

高齢者がマンションの上層階に住むのは大きなリスク

　もし可能であれば、下層階へ移るか、一戸建てのへ引越しをお勧めします。高齢者が高層階に住んでいて被災した場合、孤立する可能性が高いと思います。万一、火災が発生した場合など、逃げ遅れる可能性もあります。

まず、自己防衛、必要な物品の備蓄を

　大きな地震があると、エレベーターは使用不能となります。さらに、停電により、水道が使用できなくなる場合があります。相談者のような高齢者は、マンションの15階から階段を利用して地上階まで降りることは、かなりきびしいことだと思います。したがって、まず、1週間程度は過ごせるような食料等の備蓄をお勧めします。以下に、備蓄しておいたほうがよいと思われるものを列記しました。

① 飲料水（1人1日3リットル）や食料など（インスタント食品、缶詰、レトルト食品、菓子など）、ガスや電気が使えない想定で食べられるものを備蓄する
② カセットコンロ、電気湯沸かし器（ガスは復旧に時間がかかるため、長期間ガスレンジは使用できない可能性が高い）
③ トイレットペーパー、ビニール袋、ラジオ、ライター、電池、キッチン用ラップなど（キッチン用ラップは、皿に敷いて使用し、食べ終わったらラップのみを廃棄）
④ 予備の薬

管理組合を巻き込み途中階に備蓄庫を

　高層マンション場合、高齢者のみならず、若い人でも階段での移動は大変です。そこで途中階に備蓄庫を設置し、入居者同士で利用できるようにしてはどうでしょうか。備蓄庫の配置スペースについては、共有部分に物置を設置して対応することになると思います。なお、新築マンションの場合、免震構造などの地震に強いマンションや備蓄庫が備わった物件も高齢者には安心だと思います。

第3章

賃貸経営を
守る

1 経営を守る土地対策

Q39 測量済みで境界杭も入っているが
その他の対策

土地は測量はしてあり、境界杭も入っています。他にまだ対策はありますか。

A

建物が建っている土地の周辺地区がどのような性質になっているかを知ることにより、復興するときの負担が大きく違うことを知っておき、地域で対策をしておきましょう。

解説

震災復興と土地の境界

震災復興するとき、移動亡失した土地境界については主に2つの方針があります。
① 移動亡失した境界を元に戻す
② 境界をすべて新しくつくり直す

通常は①の手続きで元に戻していきます。防災上の観点や、未来の市街地のために、②のように区画をまったくつくり直すこともあります。阪神・淡路大震災では、神戸市内の火災で延焼した密集市街地や、区画が入り組んだ地区の境界を、新しくつくり直しました。これらを「土地区画整理事業」、「市街地再開発事業」といいます。自分の土地がその対象になるかどうかを確かめておきましょう。

土地区画整理事業と市街地再開発事業

この2つの事業は区画を整形すること（道路を直線にし、区画を正方形または長方形に近づけること）は同じです。区画を整形すると土地の価格が上がるため、本来の面積を数割減らし、道路にしたり、事業資金にあてる方式です。土地区画整理事業は土地を整形し、以前の土地の面積を少し減らして提供します。

市街地再開発事業は以然の建物を含めた面積を減らして、土地や建物空間を提供する方式です。こちらは主に駅前や商業地等権利関係が複雑な地区に適用されます。

事業の対象区域になる可能性のある個所

　事業の対象になる可能性があるのは、密集建築物がある、道路が狭い、駅前、地図混乱地域、急傾斜地等です。防災上問題があり、震災で被害がでると予想されれば事業対象になる可能性があります。対象になることは、防災機能が高まる、景観がよくなるなど、長い目で見れば利益になりますが、阪神・淡路大震災後の土地区画整理事業は16年かかっており、市街地再開発事業は現在も一部完了していません。時間がかかることが大きなデメリットです。

結局できることは

　土地それぞれには境界杭の考え方に特徴があります。できれば地区のコミュニティで協力し、どのようになっているかの共通認識をもつことが大切です。以下のような調査をしておくとよいでしょう。

　①　法務局で公図を取得し、公図と現実のズレを確認する
　②　役所にある地震危険区域マップで危険度を確認しておく
　③　役所の道路を管理する部署に行き、細街路に該当するか確認する

　公図と現実のズレについては、「都市再生街区基本調査成果の提供サービス（β版）について」(http://gaikuchosa.mlit.go.jp/gaiku/)にて確認できます。大きなズレがある場合は要注意です。

　役所には、地震危険区域マップや細街路についての資料が備え付けられているところが多いので、確認しておきましょう。町内会などで、近所の人と顔を合わせ、境界杭の確認作業をするなど、お互いに備える気持ちをもっておくことがよいと思います。

Q40 賃貸住宅の土台は安全か

鉄骨造の賃貸住宅を所有しています。地震のとき、土台は安全ですか？

A

鉄骨造の賃貸住宅は木造住宅と違い、土台はありません。地盤の上に基礎があり、その上に鉄骨の柱、梁があります。基礎の安全性は地盤の状態、建物の形状、建物の重さなどに影響を受けます。したがって、建物の重さと地盤の重さを支える力のバランスが取れていること、基礎の形が適切であることが重要です。詳しい内容に関しては、賃貸住宅の管理会社を通して、専門家または建設会社に確認することをお勧めします。

解説

鉄骨造の建物は木造住宅より重い

　鉄骨造の建物は、同じ大きさの木造の建物と比べると、その重さは約4倍重いのです。同じ大きさの建物でも木造と鉄骨造では基礎の設計は異なります。建物を支える地盤の必要な強さも異なります。重いものを支えるにはよりしっかりした地盤が必要になります。地盤の強さが十分でない場合は、杭を地面に打ち込み支えます。

　たとえば、鉄骨造5階建ての共同住宅の $1m^2$ 当たりの重さを計算してみます。鉄骨造の1階以外の階の $1m^2$ 当たりの重さは0.8トンです。1階の基礎は $1m^2$ 当たり2.2トンです。合計としては $1m^2$ 当たり0.8トン×5階+2.2トン=6.2トンです。建物の形状はきれいな長方形でないために建物の重さを少し重めにみて計算すると、$1m^2$ 当たり6.2トン×1.1＝約7トンとなります。2階建て木造住宅の場合は $1m^2$ 当たり約1.5トンです。

重い建物を支える方法

　1m^2 当たり 7 トンの重さの建物を支えるためにはどうしたらよいでしょうか。重要なことは地盤の重さに耐える力（「地耐力」といいます）と建物の重さのバランスが取れていることです。つまり、地耐力が 1m^2 当たり 7 トンの土地では、鉄筋コンクリート造 5 階建てのマンションをコンクリートの基礎の上に建てることができます。しかしながら、土地によっては地耐力が 1m^2 当たり 7 トンの場所が地中深くにある場合があります。その場合、地中深くまでコンクリートを流して基礎をつくるとコンクリート自体の重さが大きくなり、建物を建てられなくなります。そこで、コンクリートより軽い金属製の杭をコンクリートの代わりに打ち込み、建物の重さを地耐力が 1m^2 当たり 7 トンある場所（「支持地盤」といいます）まで伝えます。

地盤調査と基礎の種類

　どのタイプの基礎を使用するかは建物の形、重さ、地盤の状態により決まります。その地盤の状態を調べるためには地盤調査を行います。通常鉄骨造の建物の場合、ボーリング調査という詳細な地質調査を行います。この調査の結果と建物の基礎の種類が適正かどうかを確認することが重要です。確認は専門家にお願いすることをお勧めします。基礎の種類は Q31 を参照してください。

2 経営を守る建物対策

Q41 大地震時に不安な鉄骨建物とは

現在、築30年の鉄骨造のマンションを所有しています。鉄骨造は地震に強いと聞いていましたが、今回の地震で外壁の一部が割れたり、内部のクロスがよじれたりしました。入居者が不安がっていますが、大丈夫でしょうか。

A

基本的には1981年6月以降に確認を受けたものであれば大丈夫です。しかし、1995年の阪神・淡路大震災で多くの鉄骨の建物が被害を受け、また、東日本大震災でも被害がでているため、3階建て程度の小規模の鉄骨造につきましては、溶接部の検査を受けることをお勧めします。

解説

構造基準をクリアしていても施工悪いと問題

1981年6月より新耐震基準が施行されているため、それ以降に確認申請を受け付けていればまずは安心といえます。鉄骨造の中でも2階建ての住宅やアパートは軽量鉄骨造のプレハブ造なので安全ですが、3階建て以上の建物では重量鉄骨で造られているものが多く、次のような欠陥もみられるのです。

重量鉄骨造は梁と柱や柱と柱を溶接でつないでいます。溶接は模型の接着剤と考えれば想像がつくと思いますが、接着不良だと取れてしまいます。一方、鉄筋コンクリート造は、力が加わるとひびが入ったり一部が壊れることがあっても、梁と柱が取れてしまうことはありません。しかし、鉄骨造は溶接不良だと、柱と梁や柱の付け根などの溶接個所が取れてしまい、建物の崩壊につながってしまうのです。

小規模建築では検査が不十分な建物が多い

重量鉄骨でも中高層建築や大規模建築では、鉄骨を製作する工場も大規模で

品質管理もしっかりとしています。一方、小規模建物や3階建て程度の低層建物では、規模の小さい工場であったり、下請工場に丸投げされたりするケースも少なくありません。重量鉄骨造の溶接部については超音波で溶接内部の欠陥などを第三者の検査機関において実施することが義務づけられています。しかし、第三者といっても検査費用を鉄骨工場が支払うため、きちんとした検査が行われていないケースも少なくないのが現実です。そのため、行政庁は阪神・淡路大震災以降、第三者の探傷試験会社の徹底を指導しています。

鉄骨造では外壁の落下なども注意が必要

　鉄骨造で注意しなくてはいけないのは、外壁の脱落やひび割れです。鉄骨造は鉄筋コンクリート造のように外壁が一体構造ではないため、外壁にALC板や成型セメント板を使用します。それらの外壁材は鉄骨の部品を梁に溶接して建物の本体とつないでいます。しかしうまく溶接できていないと、地震の大きな力によって取れてしまうことがあるのです。今回の質問のケースも同じ原因と考えられ、建物がすぐに崩壊することはないでしょう。

　最近の工法は、地震の揺れに対してルーズに動くようになっているため、溶接部に加わる力も低減されました。しかし、10年以上前の工法はそうではなかったため、今回の東日本大震災によって東京においても外壁が割れたり外れたりしたケースが多く見られたのです。

　外壁が壊れていなくとも鉄骨造は鉄筋コンクリート造よりも揺れが大きく、また外壁が前述のように柱と一体ではないため、地震時には壁についている内装材にヒビが入ったり、クロスがよれたりするケースが多いのです。

心配なら建物診断を

　ご質問のような建物だと、溶接部の超音波探傷試験を依頼するのもよいでしょう。また、30年以上前の建物だと、事前にアスベストの調査が必要になるでしょう。

Q42 賃貸住宅の耐震性を確かめる方法

鉄骨造の賃貸マンションを所有っています。耐震性を確かめる方法を教えてください。

A

耐震性を確認するうえでまず重要なのは、建物の完成年を調べることです。耐震基準は大きな被害をもたらした地震の後に改正されます。何年の耐震基準を適用しているかで大まかな耐震性がわかります。さらに詳しく耐震性を確認する場合は、建物の設計図面と構造計算書、そして敷地の地盤調査結果をそろえます。そして、専門家による耐震診断を行うことをお勧めします。建物の個性を考慮した耐震性がわかります。

解説

建物の完成年からわかる耐震性

　1981年に耐震基準が大きく改正されました。「新耐震基準」といわれています。これ以降も耐震基準の見直しは行われていますが、1981年の新耐震基準で建築確認を取得しているかが耐震性を判断するうえで1つの目安となります。新耐震基準以前の基準で建設された建物の傾向としては、階数が多いほど、柱やブレース（筋交い）付きの壁が少ないほど、耐震性が低くなる傾向があります。

　新耐震基準以降の基準で建設された建物でも、必ずしも安全とはいえない場合があります。他の階に比べて極端にブレースや柱が少ない階があると、そこに被害が集中しやすい傾向があります。たとえば、1階が駐車場で2階以上の階にあるブレースや柱がなくなっている場合です。このような建物は注意が必要です。加えて、鉄骨の接合方法や材料によっても耐震性に影響があります。

より詳しく耐震性を確認する方法
① 新耐震基準以前の基準で建設された建物の場合：耐震性が低い場合が多くみられます。専門家に相談し、耐震診断を行い、詳細な耐震性の確認をお勧めします。
② 新耐震基準以降の基準で建設された建物の場合：一般的には新耐震基準を満たす建物はおおむね耐震性は高いといえます。しかし、建物の形状が複雑であったり、崖地に建っていたり、上の階と下の階で大きく壁や柱の位置が変わっていたり、1階が駐車場になっている場合などは注意が必要です。また、建物外壁にひび割れが目立つ場合も注意が必要です。専門家に相談することをお勧めします。

耐震診断に必要なもの
耐震診断には以下の書類が必要です。建設会社や管理会社に確認するとよいでしょう。
① 設計図（構造図面を含む）：建物で使用している柱、梁、ブレースの寸法、接合方法、材料が書かれています。
② 構造計算書：建物の耐震性を計算しています。計算書の中で具体的にどの部分の耐震性が低いかを数字で表しています。
③ 地盤調査結果（ボーリング調査結果）：地盤の強さを調査しています。調査した深さ、それぞれの深さでの地盤の強さ、地盤の種類等が記載されています。
④ 鉄骨造の場合は実際の鉄骨の接合方法と設計図面に記される接合方法が一致しているかを現場で確認することもあります。

1981年の新耐震基準以前の建物で危険な状態

- 階数が多く、柱やブレース付き壁が少ない
- 他の階と比較して極端にブレースや柱の少ない階がある
- 1階が駐車場で2階以上の階にあるブレースや柱がなくなっている

Q43 震災で修理や建替えが必要な場合は

現在、築35年の鉄筋コンクリート造の賃貸マンションを所有しています。ローンも終わり楽になりましたので、外装改修や空いた部屋からリフォームを行おうと考えていましたが、今回の地震で外壁にひびが入ってしまい、建て替えたほうがよいのか悩んでいます。

A

判断が難しいところです。1981年以降の建物でないため、現在の耐震基準は満足していません。しかし、1971年以降のコンクリート造は大地震で崩壊するとは限りません。阪神・淡路大震災でも1971年以降の建物の半分程度が無事でした。外壁のひびも、どのような形状かにより判断が分かれ、構造的に問題の少ないひびであれば、改修にとどめたほうがよいかもしれません。

解説

どこにひびが入ったのか

　ご相談の建物にひびが入ったとのことですが、建物のどこに入ったのかが重要です。柱や梁に入ったとなれば重大ですが、一般的に壁にひびは入るものです。よく見受けられるのは、窓や扉の四隅から斜めにひびが入っているケースです。このようなひびは構造上重大ではありません。耐震壁といって、鉄筋が多く入っている壁に斜めにひびが生じた場合は要注意です。耐震壁かどうかは構造図がなければ正確にはわかりませんので、設計の専門家に見てもらうとよいでしょう。また、1階が駐車場など柱だけの建物や、道路斜線制限で建物がセットバックしている建物も安心はできません。

建替えと法的規則

　現在の構造基準に合わせるように耐震改修できるかどうかは専門家の検討が

不可欠になりますが、多額な工事費がかかる、コンクート強度が不足している、窓などに壁をつくらなければならず賃貸マンションとして貸しにくくなる、といったケースも少なくありません。そのような場合は建替えを考えたほうがよいでしょう。現在のマンションが建てられた当初よりも容積率が上がっていたり、道路斜線制限の緩和規定があったりしますので、より大きな建物が建てられるケースもあります。

　逆に、建てられた当初はなかった日影規制があるケースも少なくありません。そのような場合は現在より小さい建物になってしまいますので、多少費用がかかっても、現在の建物を耐震改修したほうが得策かもしれません。特に1階が駐車場で柱だけの場合は、柱と柱の間に新たに壁を施工することは、工事費用も少なく、安全性がかなり向上しますのでお勧めです。

リノベーションの勧め

　耐震改修の有無に限らず、建物を存続する場合には、リフォームローンなどにより現在の賃貸住宅のニーズに合うようリフォームするとよいでしょう。今風におしゃれにリフォームすることを「リノベーション」といいますが、何もしなければ賃料を下げざるを得ないほか、建物の老朽化リスクだけでなく、入居者の不良化リスク（滞納やルールを守らない入居者）も抱えるようになるかもしれません。そうなると、将来建替えや売却をせざるを得なくなった場合、立退きなどの新たな問題が生じることになりかねません。いつの時代でも、賃貸マンションとして近隣相場に近い金額の賃料をとれる状態にしておくことが重要なのです。

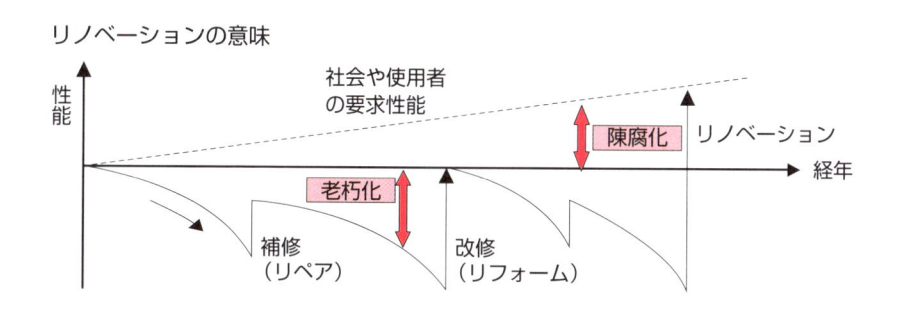

リノベーションの意味

3 人を守る経営

Q44 入居者のことをよく知ろう
入居者を知り合いにする

賃貸マンションを所有しています。大地震が来たときに備えて、できることはありますか。

A

賃貸マンションのオーナーとして重要なことは、入居者のことをよく知ることだと思います。大地震が来たときだけでなく、日々の建物の管理にも役に立ちます。次に、入居者同士が知り合いになるような仕組みが重要だと思います。

解説

なぜ入居者のことを知る必要があるのか

　大地震であなたのマンションに大きな被害が出たときに、建物の中にいる可能性が高い人がわかるだけで、救出作業は格段に効率的にできるはずです。オーナーまたは入居者同士がその情報を提供できる環境にあれば理想的です。入居者同士が知り合いのマンションは、一般的に皆さんきれいに住んでいます。そして、他人が来るとすぐにわかります。これは管理と防犯の２つの面からも価値のあることです。賃貸住宅は入居者も変わります。入居者はさまざまな理由で賃貸住宅に住んでいます。戸建て住宅や分譲マンションに住んでいる人同士のように、自分たちの力で、自分たちの地域・マンションを守るために知り合いになるのは難しいかもしれません。誰かがリードして意識的に入居者のことを知る、そして入居者同士を知り合いにする。この２つのステップを実行することが重要です。

入居者を知る方法

　クリスマスなど季節に合わせて入居者のポストにカードを入れるのもよいでしょう。少し恥ずかしいかもしれませんが、カードに自分の顔写真を入れてお

くと、親近感をもってくれるでしょう。事前にオーナーの顔がわかっていれば、入居者に声をかけやすくなります。

別の方法としては、ほとんどの人が実家に帰るお正月などに、簡単なイベントをやってみてはいかがでしょうか。簡単なおせち料理とジュースで廊下や空いている部屋を利用して、入居者とコミュニケーションをとってみるのもよいと思います。

入居者同士を知り合いにする（顔がわかるようにする）

また、休日などに、建物の廊下、空き部屋などを利用して、簡単なスナックパーティーをやってみてはいかがでしょうか。実は同じマンションに知り合いがほしいと思っている人は意外と多いと思います。しかしきっかけがないのが現実です。簡単で小さなきっかけがあるだけで、入居者同士が知り合いになれたりします。

1階に空き室がある場合は、その部屋を共同の洗濯室などにするのも方法です。アメリカでは、アパートに洗濯室があるのはあたりまえです。そこでほかの住人と顔見知りになります。そのほか、最近流行っているシェアハウスのように、オーナーまたは管理会社が積極的に入居者を集めて知り合いにする方法もあります。その方法はさまざまですが、アイデアを出せば必ずうまくいくと思います。

Q45 高齢者と若い世代をペアにした新賃貸経営のすすめ

私は賃貸経営をしている大家です。近年、入居者の高齢化が進み、さらに空室も増えて困っています。特に、高齢の入居者が災害時に逃げ遅れないか心配です。何かよい解決策はありませんか。

A

若い世代に対し、相場より安い賃料で住宅を賃貸する代わりに、入居している高齢者に対する緊急通報対応などを委託する高齢者の安心住宅を提案します。当然、賃料の不足分は、受益者である高齢者が負担することになります。

解説

「ペア住宅」で安心

賃貸大家さんにとって、物件に入居している高齢者、特に独居の高齢者は、災害時の場合、心配の種ではないでしょうか。最近は、入居者の募集もままならず、空室に悩まされている大家さんも多くいると思います。そこで、空室を解消し、なおかつ災害時に効果がある賃貸住宅の住まい方を提案します。それは、入居者と大家さんが連携し、賃料とサービスを受益した分に応じて負担し合うという、高齢者にやさしい新賃貸住宅の住まい方です。

これで高齢者も安心

① 緊急時の通報サービス：これは、ペアにした高齢者と若い世代の部屋を有線電話でつなぎ、いざというときに高齢者がコールを押せば、若い世代の部屋のパトランプが作動し、異常を知らせるというものです。若い世代は在宅している場合に限り、高齢者宅に駆けつけます。なお、緊急通報サービス用のコールは、設置型とペンダント型とがあります。高齢者の状態によって、どちらかを、または双方を配置します。

② 定期的な安否確認巡回サービス：ペアを組んだ若い世代が、時間を決めて定期的に高齢者を訪問し、安否を確認します。必要があれば、高齢者宅のカギ預かることもあります。

大家さん、入居者、入居高齢者の三者がうれしい仕組み

　このサービスの提供者は、原則として同じ賃貸住宅に入居している賃借人になります。学生や若いOL、サラリーマンなどにお願いします。サービスを希望する高齢者は、サービス提供を行う若い世代の家賃の一部を支払います。簡単にいうと、自分の家賃に一定の料金を上乗せした家賃を支払います。若い世代は、サービスを提供することにより、相場より安い賃料で住むことができるわけです。

　サービスの提供がスムーズに行われているか、適切なサービスが行われているかなどのチェックは、大家さんや管理会社が行います。当然、サービス提供に問題があれば、若い世代の賃料は通常どおりの賃料に戻ることはいうまでもありません。

　1人暮らしや老老世帯の高齢者のうち、介護施設や高齢者の専用住宅などに入るほどではない高齢者に対し、漠然とした不安感を、ひとつ屋根の下で生活する若い世代が解消することで、世代間にわたる連携を行い、さらに大家さんにとっても収益は変えず社会貢献ができる画期的な住まい方の提案です。ひとつ屋根の下で、入居者同士が協力し、そのコーディネートを大家さんや管理会社が行うため、家主（管理会社）、入居高齢者、入居者（若い世代）の三者に利益があります。災害時には、ペアになった若い世代が担当高齢者の情報を把握しているので、救出にも役に立ちます。

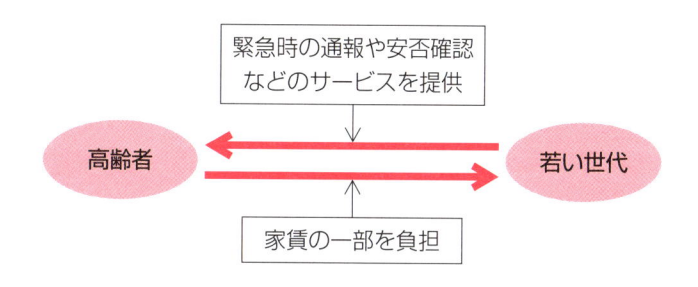

```
        ┌─────────────────┐
        │ 緊急時の通報や安否確認 │
        │ などのサービスを提供  │
        └─────────┬───────┘
                  ↓
   ┌──────┐ ←──────── ┌────────┐
   │ 高齢者 │          │ 若い世代 │
   └──────┘ ────────→ └────────┘
                  ↑
        ┌─────────┴───────┐
        │  家賃の一部を負担   │
        └─────────────────┘
```

Q46 管理会社に求められる高齢者ケアとは

賃貸マンションの管理会社で働いています。最近、高齢者の受入れを積極的に進めていますが、やはり何といっても、住宅内でのトラブル、特に急病による死亡対応などに不安を感じています。どうすればトラブルを回避し、高齢者のためになる管理ができますか。

A

高齢者とそうでない人のリスクの違いは死亡率の高さです。こればかりはいつ起きるかわかりません。もし、あなたの会社で独居の高齢者を引き受ける場合は、必ず介護保険事業者と連携をとって、相談をしながら、入居者管理を実施してください。

解説

要介護認定を受けた高齢者は、今後は「サービス付き高齢者向け住宅」に入居する機会が多くなります。原則として元気な高齢者は一般の賃貸物件に入居することになります。しかし、元気とはいえ、高齢者であることには変わりません。体調が急変する可能性はいつでもあります。そこで、管理会社は、介護保険事業所(居宅介護支援事業所および訪問介護事業)と提携して、高齢者の入居者管理を代行することをお勧めします。

賃貸物件における独居高齢者の管理の基本

① 入居時に介護認定を受けているかどうかの確認を行います。要介護状態であるにもかかわらず、認定を受けていない高齢者も相当数存在するため、介護認定を受けていない入居者にはご家族に認定を勧めるとよいでしょう。

② 常時、相談できる介護保険事業者をもつことは重要で、介護保険事業者と連携することは、高齢者を受け入れる場合には必要不可欠です。

③ 生活に不安が発生した場合、高齢者に対しサービス付き高齢者向け住宅への移り住みの助言や、物件の紹介を行う体制を整えましょう。
④ 高齢者の生活を手助けできる便利サービスの提供会社、たとえば配食（食事を届ける）サービス、訪問診療を行っているクリニックなどとの連携をとりましょう。
⑤ 定期的な訪問巡回（家庭訪問）、または家賃を集金することにより、生活力の確認などを行いましょう。なお、訪問については、連携している介護保険事業者等に委託するのがよいでしょう。
⑥ 緊急通報設備等の整備および契約の整備を行いましょう。

孤独死の回避に全力を

一番重要なことは、孤独死をいかに回避するかです。気づかずに1か月間放置、という事態は絶対に避けなければなりません。そのためには、こまめな訪問等による安否確認を行う以外、方法はありません。しかし、訪問するには人件費等がかかるため、工夫が必要です。たとえば、新聞販売店と連携し、毎月の新聞購読料は管理会社が負担する代わりに、配達時の異変については管理会社に報告してもらうルールにする、訪問または御用聞き業者を積極的に出入りさせる、といった方法が考えられます。毎月、定期的にイベント（レクリエーションやセミナー）を企画し、参加を促すなどの方法も効果的です。

いずれにしても、これらは介護保険事業者が得意な分野ですから、相談しながら管理を行ってください。さらに、生活が困難になった場合に備え、サービス付き高齢者向け住宅の紹介業者と連携し、スムーズな引越しができるようにしておくことも重要です。

Q47 高齢者にやさしい高付加価値賃貸住宅で収益アップを

現在、高齢者を対象とした賃貸住宅の建設を検討しています。どのような計画にすればよいでしょうか。

A

高齢者の住まいに関する法律（高齢者住まい法）が改正され、「サービス付き高齢者向け住宅」という、高齢者にとって便利でやさしい住宅の登録制度が新設されました。補助金や税金の減免もあるのでお勧めです。

解説

高齢者の住宅

　高齢者を対象にした住宅には、主に、有料老人ホームと高齢者専用賃貸住宅があります。また、類似形態として、特別養護老人ホーム、老人保健施設、グループホームがありますが、ここでは、法改正により今後急増するであろう高齢者専用賃貸住宅について説明します。

　今後、高齢者専用賃貸住宅は、一定の基準をクリアした物件については、「サービス付き高齢者向け住宅」に名称が統一されます。基準をクリアできなかった物件については、一般の賃貸住宅として運営することになります。基準の詳細については、国土交通省のホームページでご確認ください。

サービス付き高齢者向け住宅のメリット

　サービス付き高齢者向け住宅を建設すると、3つのメリットがあります。

① 助成金：建設・改修費の補助金（建築費の10分の1、改修の場合は3分の1まで）
② 税制優遇：所得税、法人税、固定資産税、不動産取得税の優遇
③ 低利融資：住宅金融支援機構による融資の担保要件の緩和

サービス付き高齢者住宅の運営スキーム

　サービス付き高齢者向け住宅のスキームを簡単に説明すると、バリアフリーで建設した住宅に、各種必要なサービスを付帯させて一体で運営していくということになります。ここでいう必要なサービスとは、主に介護サービスと医療サービスのことです。多くの家主の場合、介護サービスを提供する介護保険事業者、医療サービスを提供する医療法人と連携して運営を行うことになります。

　サービス付き高齢者向け住宅に入居した高齢者は、24時間、必要に応じて介護サービス、医療サービスを受けることが可能です。ポイントは、「必要に応じて」というところです。安心がほしいという高齢者の、有料老人ホームに入居するところまでは決断できないが、日頃の生活が心配だというニーズに応えることができます。つまり、高齢者の安心・安全を担保するための住宅が、サービス付き高齢者向け住宅ということになります。また、今まで家主にとって心配事であった入居高齢者の在宅死についても、サービス付き高齢者住宅であれば、おおむね回避することが可能です。少なくとも、孤独死の心配は不要です。

サービス付き高齢者向け住宅の建設の検討を

　今後、高齢者人口は急増します。さらに、国の方針においても、社会保障対策の一環で、高齢者に対する介護を中心とした住宅政策は強化されます。賃貸住宅建設を検討している方は、サービス付き高齢者向け住宅の建設を考えてみてはいかがでしょうか。

4 経営を守る税金・ローン対策

Q48 震災後に収益不動産をどう評価したらよいか

震災後の収益不動産に対する見方は、どのように変化しましたか。

A

震災後、オフィスは最新スペックを完備したSクラスおよびAクラス（※1）の新築および築浅物件の空室率が減少し、賃料が反転傾向にあります。賃貸マンションは免震物件等に人気が出ています。湾岸部や高層の賃貸マンションは震災直後は空室率が上昇傾向にありましたが、一時期のパニック的な状況は改善したようです。ホテルは依然として客足の戻りが鈍くきびしい状況にあります。物流施設は一部で液状化した湾岸部を嫌う動きがみられましたが、実際には大きな変化はなく、大型物件の引き合いは堅調です。投資環境は、震災直後J-REIT（※2）市場で大幅な下落がみられましたが直後に持ち直しに向かいました。

（※1） 丸ビルや六本木ヒルズ、東京ミッドタウン、新宿パークタワービルといった大規模で最新設備を兼ね備えたオフィスビルをSクラス、その下をAクラスといいます。主に上場企業や優良企業の本社機能が入居します。

（※2） J-REITとは東証に上場している不動産投資信託の略であり、現在34銘柄が上場しています。J-REITの仕組みは、収益不動産をファンド（J-REIT市場に上場している投資法人）が投資家から集めた資金と金融機関からの借り入れ等により物件を購入し、その収益の90％以上を投資家に配当する仕組みです。株にあたる投資口という有価証券（一口数万円から70万円程度）を購入することで、間接的ですが、都心の優良ビルやマンション等のオーナーになることができ、賃料収入を配当金として受け取ることができます。

解説

震災で最も大きな影響を受けた収益不動産とは

　震災発生後、最も大きな影響を受けたのはホテルです。そもそもホテルは景

気に影響を受けやすい収益不動産といわれていましたが、震災による旅行の自粛や訪日外国人の大幅減少により、主要ホテルは数か月間、例をみないほどきびしい状況が続き、現在もなおきびしい運営が続いています。

震災後は賃貸マンションが人気に

　震災による二重ローン問題の顕在化、下落を続ける住宅市場から、消費者は「持ち家」という選択から「借りる」という選択に移行し始めています。特に免震建物には強いニーズが感じられます。また、今回の震災でも翌日にはほぼ正常ダイヤに戻った都心部に対するニーズも高く、大手町等に本社を構える企業の社員の一部には、自転車通勤が可能なエリアにある賃貸マンションに移り住むニーズも出ているようです。

　なお、一般的に投資用マンションというとワンルームマンションが主流になっています。理由は投資金額が比較的少なく、手軽にマンションオーナーになれるからですが、賃貸住宅市場から考えれば、すでにワンルームマンションは飽和状態の地域が多く見られます。そのため、ワンルームであっても広めのスタジオタイプであったり、2人までが居住可能な40～50m^{2}程度のコンパクトマンション市場が、分譲マンション市場同様、賃貸マンション市場でも増加してくると考えられます。

　築年数の経過した投資用中古マンションは、利回り10％以上とのうたい文句で販売されているケースが最近散見されますが、それらの中古マンションは専有面積が狭く、設備も老朽化しているため、入居者側からみれば敬遠されがちです。旧耐震であればすでに築30年以上経過しており、大規模なリノベーションや相当安い賃料設定をしなければ、入居者はそれらの物件を選びません。「利回りが高い＝リスクが高い」という原理原則を忘れないことが大切です。

オフィス需要はAクラス以上の大型ビルへ

　震災以降、新築または築浅の大型ビルへの需要が高まっています。賃料や価格の安いビルに移りたいというニーズは減少し、「耐震性能の高いビルに移りたい」、「防災体制・災害時バックアップ体制のすぐれたビルに移りたい」というニーズが急増しています。中大手企業は、BCP（事業継続計画）の観点や震

災時の帰宅難民を防止するために、社員を帰宅させるのではなく、会社内に残すという発想へと切り替わり始めており、これらのニーズからも、賃料が多少高くても、最新スペックと防災体制が整ったビルに移る流れは加速していくのではないかと感じます。

旧耐震のペンシルビルは淘汰される

　今後は、新耐震前の建物の需要は極端に減っていくものと思われます。昔であれば雑居ビルは弁護士や会計事務所といった士業やベンチャー企業などに需要がありましたが、現在は最新のオフィスビルが貸し床スペースの一部を細かく区分し、電話受付の代行や会議室のスペース等も用意してくれる時代であり、もはや機能的劣化も激しい新耐震前の中古オフィスビルの需要は急激に落ち込んでいくものと思われます。その多くはやがて、隣接地の大型再開発に呑みこまれていくものと思われます。

収益不動産の今後

　ホテルへの投資は予測がつきにくくなっています。ホテルは経済の波をまともに受けるため、振れ幅が大きく、**J-REIT** 等の投資対象としてもリスク性の高い不動産として取り扱われています。今回の震災により、よりリスク性の高い不動産として再認識されています。

　住宅市場は過剰ストックと景気低迷による空室率の上昇がある一方で、震災以降賃貸派が増加しており、都心部または利便性の高い都心近郊で、ある程度のスペックがあれば需要は底堅いといえます。

　オフィスビルは新築または築浅の大型物件の需要が高まっており、今後もこのニーズは高いと思われます。地方の商業店舗はテナントが撤退した後は再誘致が難しく、投資には慎重にならざるを得ません。

Q49 震災時に頼りになる収益不動産の管理会社とは

震災時に頼りになる収益不動産の管理会社（PM会社）とは、どのような会社ですか。

A

震災時に頼りになった管理会社は、大手ではなく、日頃からオーナーや入居者とコミュニケーションをとっている有人管理の管理会社でした。

解説

有事の際は有人管理

　震災時の仙台に、電気が使えずパソコンが使えない中、毎日物件の状況を確認し、建物の危険を知らせる手書きの紙を貼る会社がありました。この会社は物件を預かっているオーナーだけでなく、入居者ともほぼ顔見知りで、まさに有人管理の鑑といえます。東京ではなく仙台だからそのような管理体制ができたとの考え方もありますが、いずれにしろこのような有人管理の管理会社は、震災のような非常事態には頼りになる管理会社の1つといえます。この会社は管理戸数が3,000戸を超えており、機械管理も行っていますが、有事の際に、日頃の有人管理を基本とする心構えにより、高い信頼と際立った管理能力が証明されたといえます。アメリカでは、物件ではなく管理会社や担当社員で物件を選ぶ客がいるとのことで、わが国でもそのような優秀な管理会社（担当者）が求められる時代が来るかもしれません。

震災後のフォローが大切

　東日本大震災は未曽有の被害をもたらし、半年を経過しても、建物が被災したまま手つかずの状態の物件が数多くあります。室内の応急処置のみで、肝心の建物の基礎部分等に構造上問題のある亀裂等が生じたままの状態で、入居者

が住んでいる物件も多くあります。

　傾いた建物に住み続けることによる健康上の問題についてはＱ９で説明させていただきましたが、場合によっては、入居者に被害に遭っていないまたは別のマンションやアパートに移り住んでもらうことも管理会社の大切な業務といえます。

　また、建物の安全性を確認するための耐震診断を行い、補修や改修工事が必要な場合には、早急に着手することが必要になります。震災後の人手不足のときであっても、何とか職人を確保し工事を発注する能力、その工事内容をオーナーに的確に説明できる能力があることも、震災時に頼りになる管理会社の条件といえます。

建物に貼られた手書きの貼り紙

Q50 事業者が損害を被った場合の税金の減免制度

私は個人事業者ですが、今回の震災により被災しました。何か税金が還付される制度を受けることはできますか。

A

所得税、相続税・贈与税、消費税などにつき、以下のような制度がありますので、検討してみてください。

解説

所得税

賃貸経営などを行っている事業者が被災した場合には、下記の特例が適用できます（被災事業用資産の損失の必要経費算入に関する特例等及び純損失の繰越控除の特例）。

① その損失額を平成22年分の事業所得の金額の計算上、必要経費に算入することができます。この場合、青色申告者について平成22年分の所得において純損失が生じたときは、被災事業用資産の損失も含めて、平成21年分の所得への繰戻し還付ができます。

② 被災事業用資産を有する方の被災事業用資産の損失による純損失の金額および平成23年において生じた純損失の金額のうち次に掲げるものの繰越期間を5年とします。

　（イ） 青色申告者の有する事業用資産等（土地等を除く）のうちに被災事業用資産の占める割合が10％以上である者は、被災事業用資産の損失による純損失を含む平成23年分の純損失の総額

　（ロ） 白色申告者でその有する事業用資産等（土地等を除く）のうちに被災事業用資産の占める割合が10％以上である者は、被災事業用資産の

4　経営を守る税金・ローン対策　119

損失による純損失と変動所得に係る損失による純損失の合計額
　（ハ）　上記(イ)および(ロ)以外の者は、被災事業用資産の損失による純損失に掲げるものの繰越期間を3年から5年に延長します。

相続税・贈与税

　平成23年3月10日以前の相続または贈与により取得した財産に係る相続税または贈与税で、平成23年3月11日以後に申告期限が到来するものについて、その課税価格の計算上、指定地域内の土地等および一定の非上場株式等（同日において相続人等が所有していたものに限ります）の価額は、東日本大震災の発生後を基準とした価額とすることができることとします。

　この場合、指定日の前日までに申告期限が到来するものについては、その申告期限を指定日まで延長します。

消費税

① 　東日本大震災により課税事業者選択届出書等を提出できなかった、または提出する必要が生じた被災事業者が、指定日（東日本大震災の状況等を勘案して国税庁長官が定める日）までに当該届出書等を提出した場合には、当該届出書等を本来の提出時期までに提出したものとみなすこととします。この場合において、課税事業者を選択した場合の2年間の継続適用要件等は、適用しないこととします。

② 　東日本大震災に係る国税通則法の規定による申告期限の延長により、中間申告書の提出期限と確定申告書の提出期限とが同一の日となる場合は、当該中間申告書の提出を要しないこととします。

その他の税目

　登記のときに支払う登録免許税、売買契約書等に貼付する印紙税、自動車関連税制に優遇規定が設けられています。

Q51 震災に遭った賃貸住宅に借入金が残っている場合は

所有している賃貸住宅が震災により被災してしまいました。まだ銀行借入金がかなり残っているのですが、免除規定などがありましたらお教えください。

A

自宅と同様、賃貸住宅や借地上に立っている建物が地震・津波等で倒壊した場合であっても、銀行等の借入金は免除されません。事前の対策として地震保険等の備えが必要です。

解説

銀行借入金は免除されない

東日本大震災においても、多くの賃貸住宅が被害に遭いました。賃貸住宅に銀行借入金があった場合であっても、Q25に掲げた自己居宅同様、借入金債務は免除されません。したがって、政府や金融機関の復興支援策により、借入金の返済期間延長、金利の減免などが望まれます。

賃貸オーナーができる防衛策としては、銀行借入金を担保するに十分な地震保険の加入です。

借家人との賃貸契約は

賃貸住宅が全壊した場合、通常、賃貸契約は消滅し、借家権はなくなります。また、建物の建替えによる費用や破損個所の修理費は、当初締結した賃貸契約の内容にもよりますが、原則賃貸オーナーの負担となります。その場合、賃貸契約締結時に預かっていた敷金は全額返金されます。

なお、阪神・淡路大震災の後、借地と借家人を保護するための法律が施行されました。震災後、賃貸オーナーが建物を建て替えた場合、元の借家人は優先的に賃貸でき、建て替えない場合は借地権を取得することができます。

借地人は地震・津波等の災害においても借地権は消滅せず、建物を再建築できますので、従前と同じ土地上の権利を保全できることとなり、建替えがスムーズにできることとなっています。

第4章

いのち・財産を守る

1 いのち・財産を守る土地対策

Q52 測量の適正な価格は

測量の価格が高く、納得できません。本当に財産を守る価値がある手続きで、正当な金額なのでしょうか。

A

測量は価格が高く、複雑で難しい手続きですが、とても価値があるということを、ぜひご理解ください。

解説

境界とは所有権の入れ物

　現地で土地の境界を指示してもらい、測量して図面にすることは、それほど難しいことではありません。このことを専門用語では「現況測量」といいます。

　本来の境界点はどこにあるのかを確認する作業は、同じ測量とはいっても、過去の測量データを確認し、お隣の人と現場を見て、移動があれば訂正し、そのことに納得する話し合いをするという作業を経なければなりません。なぜそこまでするのかというと、境界は所有権を入れる入れ物のようなもので、確定すれば、「物権」といわれる法律上の権利を自由に使えるようになるからです。この測量作業を「確定測量」といい、昭和50～60年頃に定着したものです。

3つの因子と道路との境界

　とても厄介なことに、確定した図面は永久に変更なく取り扱われますが、実際の土地は少しずつ変化していきます。塀や建物を建築することで境界が移動したり、なくなったりすることがあります。道路工事でもそのようなことが起こります。確定測量を再度行うことがありますが、それは時間の経過とともに変化が起きるからです。

　専門家は、①過去、②現在、③人の3つの視点（因子）から土地境界を確定

して、権利が安定するようにします。

　わが国の法律では、境界をお互いの合意によって自由に変更する自由は与えられていません。そのため、以前どのように決まったかを検討するために過去のデータすべてを調査します（①過去）。そして測量した結果が過去のデータと矛盾はないか、ていねいに検討します（②現在）。そして一番大切なことは、現在の所有者の境界の認識が検討後の杭と同じであるかどうかを確認することです（③人）。ですので以前測量をしていても、現在の境界と違っていたり、現在の隣人が認めなかった場合には、紛争になることも少なくありません。それらを総合的に確認し、確定測量というものが完了するのです。

　どのような土地もほとんど道路と接していますが、道路との境界は両隣と道路の向かい側の所有者と立会いをして決めることが一般的です。これを「官民境界の確定」といいますが、相当な労力を必要とするため、費用も高額になるケースが多いのです。

測量士と土地家屋調査士

　現況測量は労力も少なく、費用も安い場合が多いのですが、確定測量ではそうもいきません。お隣が首を縦に振らなければ確定できないのですから。少々乱暴な区分けですが、現況測量を得意とするのが測量士です。広範囲の測量を計画的に高い技術をもって行えるという強みがあります。一方、確定測量は土地を精密に分析し、人と折衝して境界を決めていく骨の折れる手続きで、土地家屋調査士が専門家です。費用が高いと感じるのはそのあたりにあるのかもしれません。

Q53 不動産登記と地震対策

不動産登記とはそもそも何で、地震対策とどのように関係しているのでしょうか。

A

自分の財産を守るための1つの手段です。もちろん地震であっても守られるものです。歴史的なことを知ると、日本の不動産の問題が理解できるようになるかもしれません。

解説

そもそも登記とは何なのか

　不動産登記の制度は明治維新の頃につくられました。お米から貨幣へ。経済は大きく転換し、税は石というお米の単位から円という単位に切り替わりました。不動産にも税をかけはじめました。突貫工事で測量し、図面を描き、公図という日本の区画の最少単位の地図となりました。精度がよくないものが多いまま、現在にいたっています。また、不動産を担保にお金を貸すシステムを利用し始めました。それが不動産登記の抵当権というシステムです。自由主義、資本主義のために必要な、透明で安全なシステムです。所有権の安全な取引のためという側面があり、このことからも、登記をすることは自分の権利の安全保全のために欠かせないものといえるのです。

法務省と国土交通省

　わが国の登記のシステムの大きな弱みは公図にあります。なにしろ突貫工事でつくったため、面積や形が合わないことが多いのです。国も何とか整備を進めようとしていますが、都市部は整備率が50%にも満たない状態で、古いままの公図が多く残っています。

実は国家機関の事情もあったのです。日本の測量を引っ張ってきたのは戦前の陸軍の測量部であり、現在の国土交通省国土地理院がその技術を引き継いでいます。一方、登記を管轄する省庁は法務省です。なぜこのようなことになっているかといえば、境界は権利を入れる入れ物という観点から、法務省が管轄しているのです。都心部の多くの土地は、個人がつぎはぎを当てるように測量を進めていますが、全体を測量するという計画がなかなか進捗しておらず、このことが、個人の財産を守る観点からみると、思わしくない状態といえます。地震後に、境界を元に戻そうとしても、明治の頃の図面しかない土地が多いのが現状なのです。

地震がもたらす権利の混乱

　今後、地震により土地境界が不明になっても古い図面しかない、という混乱が各所で起こる可能性があります。それでも、公図はともかく、個人で測量図面（地積測量図）を法務局に収めることができます。登記の内容はデータで残り続けるので、今の内容を反映させておけば、いざというときには自分の権利は守られるのです。そのためにも登記をしていない建物や増築した場合には、ぜひ登記をしておきましょう。また地積測量図を残す手続き（土地地積更正登記、Q5参照）は比較的費用がかかりますが、検討する価値はあります。わが国の土地は明治の時代から先人たちが努力してきたとはいえ、まだまだ未整備なところが多いのですから。ぜひ備えていただければと思います。

Q54 借地でも測量したり面積を知っておくべきか

現在、土地を借りているだけですが、それでも測量したり面積を知っておくことが震災対策になるのでしょうか。

A

大切な対策になりますが、少し複雑な手続きとなります。また、思いもよらない利益や不利益が生じることがあります。

解説

新借地借家法前の土地

契約によってきちんと測量した面積により借地をしているケースを除き、古くからの借地権（戦前・戦後の頃より）は、測量もしていないケースが多くあります。そのため、測量すると面積が増えてしまい（まれに減る）、再契約しなければならなくなることもあります。それでもやらなければ、震災があったときに現状を回復させる手立てが1つ減り、被害が大きければ、以前と同じように住むことができなくなることもあるでしょう。

借地人は、自分の建物の所有権と土地の借地権もっていますが、売るときには土地の所有者の同意が必要です。契約面積が違っていたり、境界がはっきりしていなければ、地主や他の借地人と話し合い、境界を決めるという面倒な手続きになります。借地は、所有権でもつ土地より、当事者が1人多いのです。

可能な限り良好な関係を保つ

借地人であれ、地主であれ、自分の財産でありながら、もう1人の当事者と話し合って財産の内容を決める（面積を確定する）のですから、可能な限り良好な関係でいることがよいでしょう。もし借地権を含めて売買を考えている場合には、借地権割合が出ている路線価図を参考にしてみましょう（路線価図、

http://www.rosenka.nta.go.jp/）。

　借地権割合は、土地全体の割合の中で借地としてもっている価格の割合です。6割であればその土地の60％の所有権と交換するという手続きも可能になります。税理士や宅地建物取引主任者に相談してみるとよいと思います。

借地の特徴と対策

　古くからの借地の特徴の1つは、戦災の混乱をそのまま現在に引き継いでいることです。戦災以降も、土地を大雑把に区割りして貸しているケースもあります。測量らしいものが入っていないこともあります。借地権の契約をした当事者から代が変わり、借りた当時の内容を引き継いでいないと、現在の所有者に境界がまったくわからないということもあります。

　このようなケースでの対策は、基本的なことから始めなければなりません。契約当時の借地権の範囲の確認です。境界杭はあるのか等を調べ、書類にまとめておきましょう。建築確認書にある測量図は、精度や内容に誤りがあるケースも多いのですが、手元に残して調査の参考にしましょう。契約当時の測量図があれば、大切に保管しておきます。

　次に、法務局で、建物と土地の登記事項証明書を取得します。さらに公図と建物図面各階平面図も取得しましょう。大きな土地の一部が借地である場合は、測量図面は法務局にはありません。1つの地番に1つの建物である場合は、その土地の地積測量図があるかを確認し、取得しておきましょう。

可能な範囲で手続きを

　測量図が古く精度が低いものであれば、隣接の借地権者や土地所有者と境界を確認し、土地所有者の同意を得て、現況測量をやっておきましょう。借地権者は、法務局に図面を残すことができる土地地積更正登記や土地分筆登記の申請人にはなれません。土地所有者と費用折半の話し合いができ、協力が得られれば登記しておくこともよいでしょう。特に、建ぺい率がぎりぎりの場合には、土地境界を確定しておけば、十分な震災対策といえます。以上の手続きを、可能な範囲でやっておきましょう。

Q55 危険性の高い土地は今後どうなるのか

津波で甚大な被害あった場所や、地震や台風の影響等で山ごと崩れる深層崩壊等が起きた地域、液状化が発生した地域などは、今後どうなるのでしょうか。

A

少子高齢化が加速し人口が減少していくわが国では、いずれ、危険性の高い土地や利便性が悪く非効率な土地は価値が下がり、利便性の高い都市部に人口が集中して行くと想定されます。非常にきびしい話ですが、人類の歴史がそれを証明しています。そのようにしないためには、防災上の工夫や利便性の向上を実行することでしょう。

解説

災害危険区域に指定されたら

仙台市では、今回の震災を教訓に、策定中の復興計画の中で津波で2mを超える浸水が想定される地域を条例で「災害危険区域」に指定し、住宅の新増築を禁止する方策を打ち出しています。仙台市だけでなく、他の市区町村でも同様の条例が策定され、施行された場合にはその区域内の宅地は住宅地としてはもはや価値がなくなります。地元に住みたい、先祖代々の土地を守りたいといった住民の意向に関係なくこのような制限が行われた場合には、その地域は街として機能しなくなるおそれがあります。

国や地方自治体の予算は限られている

憲法22条では、公共の福祉に反しない限り、居住、移転および職業選択の自由を有するとされていますが、震災後の復旧工事等は、過疎地よりも、人口が密集している地域が優先されます。また、赤字国債の発行が慢性化していることが示すように、国や地方自治体の多くは財政がひっ迫しており、現実的に

過疎地にお金をかける余裕がありません。

街の機能を維持するにはそれなりの人口が必要

　人々が不自由を感じることなく暮らすためには、一定規模の人口が必要です。人口が減れば商店街やガソリンスタンド、病院等は経営が成りたたくなり、結果として街としての機能が失われていくことになります。危険性の高い土地から出ていく人はいても、わざわざ移り住んで新たに家を建てようとか、土地を買おうとする人は少なく、結果として需要と供給のバランスが崩れ、危険性の高い土地は人が住まなくなる（住めない）環境になっていくリスクが高まります。

人口減少が続いていた旧市街地が地震により再注目

　東日本大震災では、津波被害を除けば、地震被害が大きかったのは、どちらかというと新市街地のほうだったのではないでしょうか。城下町などの旧市街地は、地盤がよく、井戸水が豊富な場所を選んでつくられてきました。その後、近世になって、鉄道を敷き、新しく駅をつくるには、建物が密集し、権利関係が複雑な旧市街地では難しく、そのために、地盤条件がよくない土地に新市街地が出現したという経緯があります。

　そういう意味では、今後の被災地の再開発計画において、地震被害が少なかった旧市街地に注目が集まるのかもしれません。

Q56 不同沈下、液状化とは
その対策は

液状化、不同沈下とは、どういう現象をいうのでしょうか。互いに関係があるのでしょうか。そして、その対策はありますか。

A

「液状化」とは、地面の中の水が地震の揺れで活発になり、砂と水が混じり、水が地上に出ることです。「不同沈下」とは、地面に重いものを乗せたとき、地中の柔らかい部分や隙間がつぶれ地面がへこむことです。液状化と不同沈下はそれぞれ別の現象ですが、液状化が起きた後、地面がへこむことがあり、結果として不同沈下が発生します。不同沈下に対してはさまざまな対策がありますが、液状化対策は、現在研究が進んでいる段階です。

解説

不同沈下とは

不同沈下は、地中に存在する弱くつぶれやすい個所（「軟弱地盤」といいます）や大きな隙間（「自沈層」といいます）が家などの重みでつぶれ、地面がへこんで家が地面にめり込むような現象をいいます。

液状化とは

液状化は、以下のような条件の地面で発生するといわれています。

① 深さ20m以内の厚い砂の層
② 砂の粒と粒の間隔が大きい、ゆるい砂の層（N値20以下）
③ 粘り気のある土（「粘性土」といいます）が少ない砂で構成された土（「砂質土」といいます）
④ 地中にある水のレベル（「地下水位」といいます）が高い

このような条件の地面に震度5以上の地震が発生すると、地中では以下の

ようなことが起こります。
① 地盤が大きく変形する
② 砂の粒と粒の間の水圧が上昇する
③ 砂の粒が水の中に浮いたようになる
④ 水と砂が混ざった状態になる
⑤ 上からの重さ（家の重さ）により家の周辺に水が噴き出すと同時に、家の真下は沈む

地面が液体のようになる液状化と、地面が沈む不同沈下の両方が発生した結果、家は傾き、沈みます。

液状化のシステム図

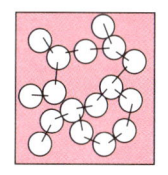

地震前：
砂粒子は安定

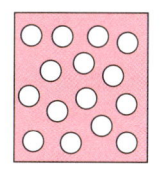

液状化：
砂粒子は浮遊

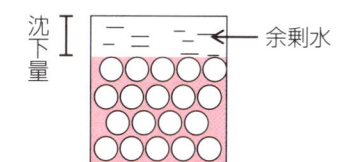

液状化終了：
砂粒子が密に詰まる

（沈下量／余剰水）

不同沈下の対策

　新築の場合、不同沈下対策の第一歩は地質調査です。地中にやわらかい部分や大きな隙間がないかを調べます。また、地面が建物を支える力（「地耐力」といいます）があるかを調べます。次に、その地面に合った基礎の形式を選びます。基礎の形式については Q11、Q31 を参照してください。

　ほとんどの場合、これで不同沈下対策は終了です。しかし、液状化と合わせて発生する不同沈下を食い止めるには、液状化の可能性がある地盤かどうかを見極める必要があります。この方法については、下記の「液状化の対策」を参照してください。

　すでに建っている建物の不同沈下対策は以下のような方法で行います。まず土地の地質調査を行い、地中のどの深さまで行くと安全に建物を支えられるか判断します。その調査結果により対策は異なります。

① 土台上げ工法（プッシュアップ工法）

　沈下が終了していてその沈下量が10cm未満程度の場合に使用。木造住宅の基礎と土台を切り離し、土台より上の部分をジャッキで持ち上げて家を水平に保つ方法です。

② 注入工法（セメント注入）

　地中の地耐力の高い部分（「支持層」といいます）まで特殊なパイプでセメントを注入しセメントを積み上げます。建物の基礎の下までセメントを注入したら、基礎をジャッキアップして建物を水平に保ちます。

③ 耐圧版工法

　支持層が浅い場合や、沈下が収まっている場合に使用します。家の基礎下の土を掘り起こし、固定ベース・ジャッキを設置します。工事する場所の地盤が家の重さに耐えられるように、ジャッキの下部分に「耐圧版」を敷きます。ジャッキアップを行い、家の沈下・傾きを水平に戻します。

④ 鋼管杭圧入工法

　支持層が深い場合、液状化のおそれのある場合に使用します。基礎コンクリート土間の一部に穴をあけて、そこから建物の重みを利用して鋼管杭を挿入していきます。鋼管杭は溶接で継ぎ合わせて使用し、支持層まで杭を打ちます。そして最後はジャッキアップで建物の水平を確保します。工事のためにあけた穴はモルタルで埋めます。

液状化の対策

　現在、液状化の研究が進んでいますが、明確な対策はありません。しかし、新築をお考えの場合、液状化の可能性のある地域を避けることは可能です。これまでに液状化した地域の情報が液状化マップなどの形で行政から出ています。また、これまでの研究から、以下のような土地では液状化の可能性が高いことがわかっています。

　① 新しい埋立て地
　② むかし河であった場所を利用した宅地
　③ 過去に液状化の起きた土地の周辺

また、液状化の可能性を地質調査と合わせて調べることができます。次に挙げるような調査が一般的です。調査費用は調査の深さ、採取する土の資料数、機材の運搬費などの要因に応じて変動します。金額はあくまで目安です。

① 　ボーリング＋標準貫入試験＋粒度試験（深さ20mで30万円程度）
② 　ボーリング＋不攪乱試料＋液状化試験（深さ20mで50万円以上）
③ 　3成分コーン貫入試験（深さ20mで20万円程度）

　一般の戸建て住宅の場合、上記調査の①と②は高額なため、③の調査をお勧めします。実際に調査を希望の場合は専門家にご相談ください。

　新築の場合、液状化を考慮して、地盤と基礎の補強を行うことはできます。その方法を以下に示します。

① 　べた基礎でダブル配筋（コンクリートの中にある鉄筋を2重に組む）を用いる。
② 　表層改良を行う。地盤の表面から2m以内を、凝固剤を入れた液体と土をかき混ぜ、コンクリートのような固い地盤に変える工法。
③ 　柱状改良を行う。液状化の可能性がある地盤が5m以内の場合に用いる。地面に穴を掘り、そこに凝固剤入り液体と土を混ぜたものを入れて柱のような固いものをつくる。これを建物の乗る個所に均等間隔で行い、その上に基礎をつくる。
④ 　杭基礎を打つ。液状化の可能性がある地盤が5mより深い場合に用いる。小口径鋼管杭を均等に打ち込み、その上に基礎をつくる。

　既存の住宅への液状化対策は、現時点では完璧な方法はありません。簡易な対策としては、現在の基礎が「布基礎」の場合、「べた基礎」に変更する方法があります。

Q57 利便性は高いが液状化のリスクがある土地

利便性が高い立地でも、液状化リスクがあれば不動産価格は下がるのでしょうか。持ち続けるより売却したほうがよいのでしょうか。

A

利便性が高い立地でも、液状化を繰り返す土地であれば、下落リスクは高いといえます。液状化の影響が大きかった地域の不動産は、国や自治体が何らかの対策を示さない限り、しばらくは低迷すると思われます。現に千葉県浦安市の2011年の基準地価の下落率は全用途地域平均で6.7%の下落。浦安市の基準地12地点中7地点が震災による液状化の影響で判定が困難とされ、地価調査が中止となりました。浦安市全体として液状化対策を施す計画が実際に動き出せば、利便性の高い立地なので下げ止まり、いずれ反転する可能性もありますが、不動産の価値観について大きな影響を与えた地震でした。

解説

関東で液状化が発生した地区

国土交通省関東地方整備局と地盤工学会の共同調査で、関東地方では茨城県、栃木県、群馬県、埼玉県、東京都、千葉県、神奈川県の1都6県96市町村で184か所の液状化が確認されています。地形では、埋立地が全体の35%程度と最も多く、三角州・海岸低地・後背湿地が次ぎます。これらの液状化した地域の特徴は、東京湾岸東部沿岸の埋立地、利根川水系、利根川下流沿岸等が多く、また旧河道上に建てられた家屋が液状化の被害を受けました。液状化は一度起こるとその後は締め固まるとの説がありましたが、東日本大震災後の報告書によると、土質によっては液状化は何度も起こる可能性が高いことが確認されています。また、利根川流域でも、液状化が多く発生していることが確認さ

れています。

国が液状化対策の工事費を負担する可能性も示唆

　国土交通省では、東日本大震災で液状化の被害を受けた地域を対象として、最低数十戸単位から土地区画整理事業の範囲を広げて住宅地および公道の再液状化を防ぐための仕組みづくりに着手し、通常よりも安い費用で住民が液状化対策を行うことができるよう国会に第3次補正予算を要求し、可決されています。このような対策が行われれば、不動産の価値を維持することは可能であると思われます。

　東京都心部や成田空港等への利便性が高く、街並みも整備されていた千葉県浦安市は、震災により大きなダメージを受けました。現在、浦安市や民間企業が市のブランドイメージ復活のため、液状化対策の地盤改良工事だけでなく、太陽光発電等の再生エネルギーや蓄電池システムを取り入れた次世代住宅の最先端地区とする構想を進めており、このように官と地域住民が一体となった液状化対策が確実に進展すれば、不動産価格は反転すると思われます。

　ただし、人口減少が激しく、過疎化が進んでいる地域では、このような動きは少なく、放置されたままの状態にしびれを切らした住民が転居する事例が増えています。その結果として、需要と供給のバランスが崩れ、土地の値段の下落に歯止めがかからなくなっていくことが推測できます。

液状化により傾いた電信柱：浦安市

2 いのち・財産を守る建物対策

Q58 建物診断はどこに依頼すればいいのか

震災で建物が被災したのですが、建物診断の依頼先は、どのような会社がよいのでしょうか。

A

建物の診断を依頼するには実際に診断だけでなく、修復方法まで提案することができる技術力のある会社を選ぶことが重要です。

解説

選ぶときのポイントと注意点

　具体的にいえば、新築工事を専門とする技術者よりも、中古物件の改修やリノベーション工事等を数多く手がけている技術者がいる企業を選ぶことが大切です。ただし、ある特定の工法だけを使って診断を行っている企業には注意が必要です。また、震災から約１年が経とうとしている現在でも、被災地の職人不足は深刻であり、実際に工事を行う際には時価提示である場合も多く、工事費が際限なく上がることも考えられますので、注意しましょう。

建物の本当のダメージは壊してみないとわからない

　建物のダメージは実際に構造に問題が起こるクラック等が入った個所を壊してみないとわかりません。以下の写真は今回の東日本大震災で布基礎に亀裂が入った建物を診断に基づいて施工した例です。10mmを超えるような大きな亀裂が建物の四方に発生していたために、当初の診断では布基礎さらには杭にまで深刻なダメージがあるのではないかと想定しつつ、建物自体の歪みや周辺の盛土部分等から被害は思ったよりも軽微ではないかとも考え、より保守的な見解で耐震診断を行いました。その後、診断に沿って改修工事を行う業者がいないとのことで、診断者と施工者が同一となった事例を紹介します。

建物診断の実例

　実際にクラックが発生した布基礎の部分をハンマードリルではつると、鉄筋とコンクリートはしっかり密着していましたので、コンクリート部分のみにクラックが発生したものであり、基礎の奥深い部分に至るまでの深刻なダメージではないことがわかりました。その結果、当初想定した工事範囲と工程を大幅に短縮することが可能になりましたが、このように状況を的確に判断し、即座に施工範囲を最小限に抑えるといった対応までできる診断会社が、本当に信頼のおける会社といえます。

　今回のような的確かつ迅速な対応ができない会社（技術者）に依頼すると、本来やらなくて済む工事まで行い、建物をかえって傷めたり、工事費用がかさむ場合もあります。

診断時は最大で20mm程度のクラックを確認。通常は0.3mm以上で構造上注意を要するクラックといわれており、当初の目視による診断では最悪は杭基礎にまでダメージがあることまで想定

コンクリートと鉄筋の密着状態と、コンクリート強度を確認するため、ハンマードリル（主にコンクリート等を解体するための機械）を使って、クラックが入った部分を最小限の範囲で壊します。熟練の技術者であれば、震動ドリルの刃を入れて壊す感覚でコンクリート強度を予測することができます。

クラック部分を壊した結果、鉄筋とコンクリートの間に隙間はなく、見た目より軽微な被害であったことを確認できましたので、これ以上壊すことを中止しました。

壊した部分に型枠を組み、コンクリートを流し込んで補強する

コンクリートに強度が出るまで放置したあとで型枠を外す

これとは逆に、軽微だと思ったクラックが予想以上に建物に深刻なダメージを与えているケースもありますが、しっかりした技術と経験をもった技術者であれば、通常は過小な診断判定になることはほとんどありません。

強度を高めるために補修した布基礎部分に、あらかじめ寸法を確認し作成した金属製の鉄板で覆いボルトで固定

震災によりクラックが入った基礎を直した完成写真

Q59 震災は不動産需要にどのような影響を与えるのか

今回の震災で、不動産の需要は今後どうなりますか。

A

未来は誰も予測できませんが、今後は再生エネルギーを取り入れたスマートハウス（※1）へ移行していくものと思われます。すでに新築の分譲マンションの多くが太陽光発電システムを搭載しています。人口減少が進む中、持ち家の1次取得者層の減少が顕著のため、新築市場の爆発的な需要は望めませんが、比較的裕福な家庭はスマートハウスに建て替えたり、建売住宅を購入していくと思われます。分譲マンションでは免震建物が増え、備蓄倉庫や非常用電源装置、電気自動車の充電装置等は標準仕様になりつつあります。オフィスはBCP（※2）の観点から、大規模かつ高スペックのオフィスビルが今後とも底堅い需要になると想定されます。

（※1）　スマートハウスとは、太陽光発電等の再生エネルギーを利用し、かつ電気自動車等への充電や蓄電も可能、高速光通信などと連携して家全体のエネルギー利用を管理し、最適な住環境を整備する次世代住宅をいいます。

（※2）　BCP（Business Continuity Plan）とは、企業が自然災害、大火災、テロ攻撃などの緊急事態に遭遇した場合でも、事業資産の損害を最小限にとどめ中核となる事業の継続あるいは早期復旧を可能とするために、平時に行うべき活動や緊急時における事業継続のための方法、手段などを取り決めておく計画のことをいいます。

解説

持ち家を取得する1次取得者層の数で供給が決まる

不動産は基本的に好景気や不景気といった経済環境よりも、持ち家を取得しようとする1次取得者層の数により、供給が決まります。需要が高まれば価格は上昇し、需要が減れば価格は下落します。今後不動産が上昇するとすれば

(20年後くらい)団塊ジュニアの子供が不動産を購入する世代になった際と推測されます。それ以外は経済の浮き沈みはあっても、利便性の高い土地に建てられた建物以外の不動産の価格は、下落傾向が続くものと思われます。

中古マーケットが注目

少子高齢化が進む中で、1次取得者層は年々減少しています。当然、新規で発売される分譲マンションや戸建て等も減少していくものと思われます。そのような中でも新築にこだわる人は必ずいますし、デベロッパーも人気の高い物件の供給に絞り込むため、新規物件はあまり値下がりしないと考えられます。その中でコストパフォーマンスが高くなるのが中古市場です。平成元年築であれば、すでに築24年も経過しており、価格も手頃になっています。

震災による影響

今後は、土地というよりも、その上に建つ建物の安全性や震災対策の内容を考慮した価格で、不動産が取引されていくものと思われます。また、ハザードマップや国土交通省が発表した、液状化や津波のおそれがある立地の需要は減退していくものと予想されます。

中古市場の課題

国土交通省は、欧米諸国と比較して圧倒的に流通量が少ない中古市場の活性化を図ろうとしていますが、日本人は「不動産は取得したら売らないもの」という感覚が根強いため、検査済証等を紛失したり、維持修繕には無頓着であったりと、なかなか流通させるための環境が整備されない状況です。築浅物件や新築については、これらの整備環境が整い始めています。

ハウスメーカーは新築需要がないと企業としての存続が成り立たないため、太陽光発電や蓄電池システムは「新築のもの」といった広告を行っていますが、実際は中古住宅でも太陽光発電や蓄電池システムの設置は可能です。中古住宅による次世代住宅化の普及も今後の大きな課題の1つといえます。

3 高齢者のいのち・財産を守る

Q60 災害時の高齢者にとってお金より大切なものとは

私は80歳です。3年前に夫に先立たれ、現在はひとり暮らしです。もし今後、今回のような大地震が起こった場合、運よく生き残っても、その後の生活ができるかどうか心配でなりません。いつも、財布などの貴重品は枕元に置いて寝ていますが、これでよいのか不安です。何かもっとよい方法はありませんか。

A

災害時の高齢者にとってお金より大切なものがあります。それは、かかりつけ医の診察券、お薬手帳です。特に、人工透析などの受診が必要な高齢者は、そのことを第三者にわかるようにしておくことが、生きるための最優先事項です。お金のことは二の次です。

解説

お金はそれほど重要ではない

災害時は、たとえ難を逃れたとしても、その後の生活において支障をきたすことが多々あります。もちろん、生活をするためにはお金も必要ですが、取り急ぎの食事や身の周りの対応は、周囲の助けもあり、何とかなるものです。様子を見ながら、落ち着いたら改めて考えればよいと思います。

高齢者にとって一番重要なものとは

高齢者にとって、お金よりも重要なものがあります。それは、自分自身の正しい医療情報がわかる書類等です。

① かかりつけ医の診察券
② お薬手帳
③ 実際の薬
④ 保険証、年金手帳、運転免許証などの身分証明証など

ほとんどの高齢者は、何らかの持病（既往症）をもっています。病気によっては、薬や処置をすぐにしなければならないものもあります。大きな災害時には、高齢者をていねいに診察している時間はありません。そのようなとき、お薬手帳を専門家に見せることによって、病名や飲んでいる薬が容易に判明します。もし、お薬手帳がない場合は、実際の薬をひとまとめ（一包化）にしておくことをお勧めします。薬は、その性質により、飲み合わせや副作用の問題が必ずありますので、「ひとまとめ」にしておくことが重要です。

　さらに、体の状態が心配で、薬を飲んでいたが、何の薬を飲んでいたかわからない場合、または、自身の意識がなくなってしまったような場合、かかりつけ医の診察券を所持していると、救急隊など専門家がかかりつけ医に連絡を取り、指示を得ることができる可能性があります。

複数の場所に入れて保管を

　診察券や保険証などの身分を証明するものや、お薬手帳などの医療の情報は、可能な範囲でコピーを取り、財布やカバン、場合によってはタンスなどの引出しに入れておきましょう。個人情報を複数個所に入れておくリスクもありますが、それ以上に、いざというときの個人情報の開示は重要です。また、人工透析や定期的に飲む必要のある固定薬がある場合は、その情報をペンダントなどを利用して、肌身離さず身につけておくこともアイデアだと思います。地域により、「見守りネットワーク」という名称で活動している組織もありますので、利用してみるのもよいと思います。

Q61 意外と知らない親のこと
親の人間関係を把握する

田舎に高齢の親を残し、東京で生活をしています。ふと思ったのですが、もし、東北で起きたような大きな災害で親が亡くなってしまった場合、親の交友関係がまったくわからないため、誰に連絡をしたらよいのかわかりません。どうすればよいのでしょうか。

A

短期的には、親宛てに来ている年賀状などの郵便物を整理し、いざというときに備えておきましょう。長期的には、緊急時連絡先リストなどを作成することが必要です。なお、これを機に、今後のことを親と協議しておきましょう。死後のことをタブー視せず、どうしたいのか等も含めて、話し合いをしておくことをお勧めします。

解説

意外とわからない親のこと

遠く離れて暮らしている親の交友関係は、なかなかわかりづらいものです。もし、今回のような大災害によって親が突然亡くなった場合、ましてや遺品や手がかりが紛失してしまったら、途方に暮れてしまうのではないでしょうか。

帰省時に親の交友関係を把握する

① 郵便物から把握する。特に年賀状や暑中見舞い等の季節の便りは重要
② 所属している集団から把握する。町内会名簿や老人会名簿など
③ 趣味、娯楽、購読雑誌等から把握する。将棋クラブや囲碁道場、スポーツクラブ、ゴルフや釣り、俳句教室などからきたチラシや会員証など
④ 好物やこだわりのものから把握する。行きつけの飲食店や洋服店など

年賀状、暑中見舞いなど季節のあいさつ状は、交友関係を把握するための重

要なアイテムです。できる限り複数年の年賀状などを確認しましょう。また、親が所属するサークルや集団の把握も重要です。なお、災害時には、心配した親の知人から連絡が入ることも考えられます。なるべく早く帰省し、連絡の対応などを行い、交友関係を把握しましょう。

将来のことを話し合う良いチャンス

思い立ったときこそ、今まで話せなかった将来のことについて、話し合いをしておきましょう。

① 延命治療を望むのか
② 高度医療（自費の医療処置）を受けたいのか
③ 葬儀はどのようにしたいのか
④ お墓はどうしたいのか
⑤ 自宅は誰が相続するのか
⑥ その他の資産や負債などの現状

デリケートな問題を含めて話し合うよい機会だと思います。お互いに遠慮せず、踏み込んだ相談をしてください。なお、第三者が間に入ったほうが話し合いがスムーズに行える場合もあります。弁護士、司法書士など法律の専門家に相談してください。

Q62 高齢者にとって重要なのは日頃の近所づきあい

私はひとり暮らしの高齢者です。今年で90歳になります。東日本を襲った大きな地震がもし自分の身近に起きたら、どうしてよいかわかりません。万一のときに備え、私のような身寄りがいない高齢者はどうすればよいでしょうか。

A

日頃からご近所とコミュニケーションをとっておくことをお勧めします。意識して、お互いの家を行き来したり、お互いの仲間を紹介し合ったりしてください。いざというときに、「私はいつもここにいます」という発信をすることです。

解説

社会の一員としての自分

　ひとり暮らしの高齢者にとって、今回のような大震災が襲ってきたら…と思うと夜も眠れないと思います。その中で、ひとり暮らしの高齢者は、社会の一員として生きているということを忘れないでください。

① 向こう三軒両隣、お互いの家を行き来する

　相手に自分がどんな暮らしをしているのかを知らせると、いざというときに効果的な救援活動が可能です。

② 食品や日用品の買い物は近所の商店で

　できれば配達をしてもらいましょう。定期的に配達をしてもらうことが、あなたの安否確認につながります。家族にも知らせておきましょう。

③ 利用可能なら1食ぐらいは配食サービスを利用してみる

　ピザのデリバリーサービスはちょっと、という人には、高齢者向けの配食サービスがあります。

④　近所の医者を徹底利用

　遠くの家族よりの近くのお医者さん。何でも相談できる医者を探しておきましょう。今は、気軽に往診してくれる医者もたくさんいます。

⑤　新聞は読まなくても頼みましょう

　新聞は毎日配達されます。もし、あなたに万一のことがあれば、ポストに新聞が溜まり、配達員が異変に気づきます。

　とにかく、自分から地域とかかわりをもって、積極的に存在感を表します。必要があれば、近所の人を自宅に招き入れ、自分の生活を把握してもらうことも必要です。もちろん、防犯上の問題で、このようなことはできないという場合もあると思いますが、阪神・淡路大震災で倒壊した家屋から高齢者が助け出されたとき、救出した男性が「○○さんがどの部屋で寝ているか、あらかじめ知っていたので、ピンポイントで助けることができた」と話していました。つまり、近所の人に自分の生活パターンを知らせることは、災害時に命を守ることにつながるのです。

近所のサークルやボランティアに参加

　町内会は当然のこととして、近隣のサークルやボランティアにも積極的に参加しましょう。自分の存在感を示すチャンスです。世の中にはおせっかいな人も多く、必ずあなたにおせっかいを焼く人が出てきます。地域活動を通して、いざというときに助けに来てくれる人がいるということは、大変心強いことです。あなた自身もできることを積極的に行い、地域活動に参加しましょう。

Q63 災害時には元気な高齢者のほうがあぶない

私は80歳になるひとり暮らしの高齢者です。おかげさまで元気で過ごしていますが、もし災害が発生したら、私は誰にどのように連絡をすればよいのでしょうか。ちなみに、ひとり息子は仕事で海外に赴任中です。

A

介護が必要な高齢者は、日頃からケアマネジャーの管理下にあります。ケアマネジャーは、担当する要介護高齢者の状況については常日頃から把握しています。しかし、ご相談者のような元気な高齢者の場合、ケアマネジャーのフォローはないので、原則として自己防衛が必要となります。

解説

　要介護認定を受けた高齢者が介護サービスを利用する場合、おおむねケアマネジャーに依頼します。依頼を受けたケアマネジャーは高齢者と面談し、高齢者の生活環境や病状、さらには今までの社会背景などを把握します。さらに、サービスが開始されると、原則毎月1回、ケアマネジャーはサービスに対する要望や満足度を把握しなければなりません。したがって、介護サービスを利用している高齢者の生活状況は、大方ケアマネジャーが把握することになります。

介護サービスを受けている高齢者は見守られている

① 要介護認定を受けている高齢者は、介護保険サービスを受けることが可能
② ケアマネジャーと面談
③ ケアマネジャーに相談し、受けたいサービスを検討する
④ 受けたいサービスが決まったら、サービス提供事業者と契約

3　高齢者のいのち・財産を守る　151

⑤　ケアマネジャーの定期訪問開始
⑥　サービス提供事業者が利用者を定期観察

　つまり、介護サービスを複数回、複数の事業所から受けている場合、各事業所からの定期観察を受けることになります。先の東日本大震災時にも、ケアマネジャーを始め、サービスを提供していた各事業者が連携し、利用者の安否確認を行いました。

　一方、元気な高齢者安否確認は、誰もしてくれません。もちろん、地域によっては、民生委員や行政の担当者、または地域独自の見守りに関するネットワークが存在しますが、基本的には自分からその組織に加入しなければなりません。

元気な高齢者は自衛を

　元気な高齢者は、自分で災害対策を行わなければなりません。ただその前に、一度ケアマネジャーに介護認定を受けることができるかどうか相談し、介護認定を受けることも１つの方法だと思います。それが難しい場合は、民間の警備防犯会社が実施している有料の見守りサービスを利用してはどうでしょうか。現在では、さまざまな介護保険事業者が、地域の高齢者に対し自費サービスを行っていますので、最寄りの介護保険事業者に相談してもよいと思います。

Q64 知っておきたい高齢者のよろず相談窓口

私は84歳の主婦です。子どもはなく、主人と2人で暮らしています。おかげさまで主人（88歳）も元気で、ボランティア活動に精を出しています。経済的にはゆとりはありませんが、老夫婦が生活していくには十分な年金はもらっています。しかし、いつ何があるかわからないため、底知れない不安があります。こんな私の相談事を聞いてくれる窓口を探しています。

A

高齢者が気軽に相談できる窓口として「地域包括支援センター」があります。この機関は、各行政の出先機関として各地域にあります。また、最近では民間の事業者やNPO法人などでも無料相談を実施しているところもあるようです。ぜひ一度、ご相談に行くことをお勧めします。

解説

自立している高齢者は意外と不便

　高齢者が気軽に相談できる窓口は意外と少ないのが実情です。今の社会情勢下では、要介護認定を受けている高齢者、つまり要介護高齢者の場合は、個別相談に対応するための「ケアマネジャー制度」が確立しています。さらに、介護サービスを利用している場合は、そのサービスを提供している事業者（訪問介護、通所介護など）が個別に相談に対応してくれます。しかし、介護認定を受けていない元気な高齢者は、このような制度はなかなか利用することはできません。そこで押さえておきたい相談窓口の1つが、各地域に設置されている「地域包括支援センター」という機関です。地域包括支援センターとは、介護保険法で定められた、地域住民の保健・福祉・医療の向上、虐待防止、介護予防マネジメントなどを総合的に行う行政の出先機関です。各区市町村に数個

所ずつ設置されており、保健師、ケアマネジャー、社会福祉士等の専門職が連携しながら業務にあたっています。利用にあたって事前予約の必要はありません。困ったことがあれば、いつでも相談に行くことができます。

最寄りの地域包括支援センターを調べておく

　前もって、最寄りの地域包括支援センターの場所を調べておきましょう。なお、市区町村の高齢者窓口に行くと、地域包括支援センターの一覧が記載された冊子を無料で配布しています。それもおっくうな方は、最寄りの介護保険事業所を訪問して、地域包括支援センターの所在地を教えてもらってください。

最近は民間の事業者も増えてきた

　最近では、高齢者のためのさまざまな相談ごとに力を入れている民間の事業者やNPO法人が増えてきました。多くの場合は、介護保険事業者であったり、高齢者の住宅（老人ホームや高齢者専用賃貸住宅など）の紹介をする事業者であることがほとんどです。このような事業者に一度相談してみてはいかがでしょうか。相談についての料金は無料で対応しているところがほとんどです。しかも、民間事業なのでよりていねいに対応してくれると思います（参考：みんかいお客様総合窓口フリーコール 0120-57-5950）。

4 相続財産を守る

Q65 東日本大震災で変わった相続対策
個から絆へ

東日本大震災をきっかけに、自分の財産をどのように家族に残せばいいのか考えるようになりました。気をつけるべき点をお教えください。

A

今後は、相続対策も、単なる節税や遺産分割対策だけでなく、「家族の絆」を次世代に残す対策が求められるでしょう。

解説

相続対策の基本

一般的に、下記の3つが相続対策の基本といわれています。

① 親族間の争いを最小限に抑える「争族対策」
- 遺言書の作成
- 生前贈与の活用
- 養子縁組
- 成年後見制度の活用

② 相続税を安くする「相続税対策」
- 課税評価額が高く、収益性の悪い資産を処分
- 課税評価額が低い資産への組換え（アパート建築など）
- 配偶者の税額軽減、小規模宅地評価減など相続税の特例の活用

③ 相続税を納税し、相続後の生きる道筋をつくる「納税資金対策」
- 相続税の納税に土地等の売却が必要な場合、場所の選定と売却時期の調整
- 納税資金、将来の生活資金確保のための資産活用の検討
- 農地等相続の納税猶予、事業承継税制の活用
- 相続税物納、延納の道筋づくり

家督相続から法定相続へ意識の変化がもたらした弊害

　かつて相続は、その家の「家督」を承継する者がすべての財産を承継し、他の相続人は、遺産分割を受けないのがあたりまえである「家督相続制度」が主流でした。家督を継いだ長男は、その受け継いだ財産を守り、また時に外に出た分家筋の兄弟が困ったときは「本家」として助ける相互扶助の精神が根づいていました。むげに土地を売るものは「田分け者」と呼ばれ、華美な贅沢をせず先祖から預かった財産を大事に次世代に承継したものでした。

　それが太平洋戦争敗戦後に戦後憲法が制定され、法の下の平等を基とした「法定相続分」という概念が導入されると、相続の際も「家督を守る」という概念から「自らの権利を主張する」方向に大きく変わりました。また生活スタイルが「大家族」から「核家族」に変化したことに伴い、生活共同体が細分化され、各々が「核家族皆平等」を前提に遺産分割を進めた結果、「家」そのものの消滅に拍車をかけてしまいました。

東日本大震災で気づかされた「家族の絆」の大切さ

　2011年3月11日、東日本大震災というわれわれの記憶にない大規模な震災が発生しました。完璧だと思っていた近代文明がいとも簡単に破壊され、ただ運命を成り行きに任せていくしかない状態に陥りました。そこでは人と人とのつながりだけが生命をつなぐことができる唯一の手段でした。被災地はもちろんのこと、多くの場所で文明社会が機能しなくなったとき、人々は通信手段も、交通手段も、生活インフラも失いました。食べ物もままならない中、人々は家族や近隣の安否を確認し、お互いの無事がわかると、一致団結、力を合わせてお互いのコミュニティの復興に尽力し、無事であった人々は寄付やボランティアで支えました。

　そして多くの人が「家族の絆」の大切さを改めて再認識し、家族をもとう、家族の元に帰ろう、家族ともっと話そうと、「家」の大事さを再認識しました。家族があり、家族が支え合い、家族が存続し続ければどのような困難も乗り越えられる。「家族の絆」を守るための相続対策がさらに「日本の絆」を深め、将来を支えていくでしょう。

新しい相続対策の考え方

「家族の絆」を深めるための相続対策は、特別なことはありません。今まであたりまえにやってきたことを再び始めればよいだけなのです。

① 家族、近隣とのあいさつ、コミュニケーションを欠かさない
② 財産は「独り占め」するものではなく皆で共存するために使うもの
③ 家を守り続け、家族が傷つき弱ったときに守ってあげられるようにする
④ 年長者を敬い、年長者の意見に耳を傾ける
⑤ 独りでいる者がいない社会をつくる
⑥ 相続は「将来生きていく手段を受け継ぐもの」であり、「処分可能な財産を取得する目的」のものではない
⑦ 人ごと、他人ごとと見て見ぬふりをせず、お互いが切磋琢磨できる社会

以上のことの実現は、今となっては難しいことかもしれませんが、皆が心を1つにして取り組めば、必ず実現できるはずです。

新しい相続対策の進め方

新しい相続対策を進めるためには、「先代が残した財産を受け取る権利に基づく分割とその無償取得のための課税」という考え方から、「先代が残した財産を、後世の発展のためにいかに生かせるか検討するための対策と、今後日本で共存していくための費用をいかに捻出し納めるか」という考え方に改める必要があります。

そのためには国家・国民が強い信義で結ばれる必要があります。いつまでも不祥事あばきと揚げ足取りを続けるのではなく、お互いの信義誠実が結束できる体制を1日も早く築きたいものです。

Q66 家族のためにあらかじめ遺言書を作成しておく

私の財産の分割をめぐって、子どもたちがもめることがないよう、遺言を残したいと考えています。どのようにすればよいでしょうか。

A

遺言書を作成しておけば、遺産分割において、亡くなった被相続人の意向が十分に反映されます。ただし、**遺産の配分がない・少ない相続人に遺留分を主張されない範囲**で、分割を考えることが必要です。

解説

遺言のススメ

　遺言書で、明確な意志表示をし、紛争のタネを残さないことも、残される家族に対する思いやりというものです。生前に遺言書を作成しておくことにより、自分の思いどおりに財産を受け継がせることができ、争いを避けることもできます。

　長男に会社を継がせたい、病気の妻に住む家と一定の現金は残してやりたい、献身的な介護をしてくれた次男の妻に財産を残してやりたい、というような場合には遺言は有効な手段です。

遺言の方式と種類

　遺言には「普通方式」と「特別方式」がありますが、一般的には普通方式で進めることになります。特別方式は、死が切迫しているなど、ごく限られた場合に適用になり、遺言者が普通方式で遺言ができるようになってから6か月間生存した場合には、効力が自動的になくなります。

　普通方式には、「自筆証書遺言」、「公正証書遺言」、「秘密証書遺言」の3種類があります。それぞれの内容とメリット・デメリットを図表にまとめました。

遺言作成12の鉄則

① 遺言は公正証書でつくる
② 下書きを作成し税理士と十分な打合せ
③ 記載内容は具体的明瞭に
④ 相続財産はすべて漏れのないように
⑤ 実質相続財産の漏れのないように
⑥ 予備的遺言を入れる
⑦ 夫婦相互遺言にする
⑧ 遺留分を考慮する
⑨ 特別受益を考慮する
⑩ 寄与分を考慮する
⑪ 遺言書は納得がいくまで書き換える
⑫ 遺言執行人を指定する

遺言の種類とメリット・デメリット

	自筆証書遺言	公正証書遺言	秘密証書遺言
日付	必要	必要	必要
署名	必要	必要	必要
押印	必要	必要	必要
書く人	本人	本人の口述を公証人が筆記する	誰でもよい
証人（立会人）	不要	証人2人以上	証人2人以上
家裁の検認	必要	不要	必要
保管	本人または第三者	公証人が原本保管	本人または第三者
すぐつくれるか	簡単	公証人役場に出向く（公証人の出張可）	公証人役場に出向く（公証人の出張可）
誰にも知られずに済むか	済む	公証人・証人に内容を知られる	遺書の存在は知られるが内容は知られない
作成費用	かからない	公証人の手数料、証人への謝礼	公証人の手数料、証人への謝礼
隠匿、変造、紛失、偽造のおそれ	あり	なし	危険は少ない
内容が無効になるおそれ	あり	なし	あり

4 相続財産を守る

5 いのち・財産を守る予備知識

Q67 震災に備えて日頃から心がけておきたいこと

震災に備えて、日頃から心がけておきたい一番大切なことは、何でしょうか。

A

まさに、日頃のあなたの生き方や価値観が、震災という非常時に表れるといっても過言ではないでしょう。あなたの命、家族、隣人や地域社会、職場や学校、友人、お金、宝物…。事前に考えるヒントとして、個人記録の一覧表の作成をお勧めします。

解 説

人として最も重要なこと

　福沢諭吉の言葉を借りるまでもなく、人に上下はないでしょう。しかし、「自分は上だ」と思っている人は、下なのでしょう。逆に、「自分は大した人間ではない」と思っている人のほうが、上なのかもしれません。

　人として最も重要なことは、当然ながら、その人の本質です。言い換えれば、その人の生きざまです。非常時・緊急時には、それが、いやでも表れざるを得ないということです。

サードマン現象

　ところで、「生死を分ける非常時には、人間の脳も非常時態勢になって、瞬時の判断能力が異常に研ぎ澄まされ、何か第三者に導かれるように行動していく」というのを、近頃"サードマン現象"といって、科学的にも解明しようという動きがあるそうです。

　非常時に人間がどういう行動をとるのかは、実は普段の生活の中で培われていて、それが非常時の特殊状況下で、事象として表れるのです。

　では、ここで皆さんに質問します。「あなたは、赤の他人と2人で、砂漠の

真ん中に放り出されました。そのうちのどちらか1人しか生き残れないとした場合、あなたなら、どうしますか?」

まさに究極のサバイバル問題ですが、これを今、いろいろ言ったとしても、人間、そのときにならないとわからないですよね。そう、「そのときにならないとわからない」、それが答えです。しかし、反対にいえば、「そのときになればわかる」ということです。

それは、日々の生きてきた証、集大成なのでしょうし、サードマンも何かささやいてくれるのかもしれません。そういうことです。

日頃から心がけること

ご託はこの程度にして、具体的に震災に備えて、日頃から心がけておきたい大切なことを、確認していきましょう。これを事前に考えるヒント、取っかかりとして、個人記録の一覧表の作成をお勧めします。以下の10項目が挙げられます。

個人記録の一覧表(参考例)

> ① 自分の基本情報について(生年月日、血液型、住所、電話番号など)
> ② 自分の歴史について(出身地、学校、勤務地など)
> ③ 資産状況について(預貯金、有価証券、保険、不動産など)
> ④ プライベート情報について(携帯、パソコン、趣味、ペットなど)
> ⑤ 家族・親族について(一覧、関係図、冠婚葬祭など)
> ⑥ 友人・知人について(一覧、関係図、冠婚葬祭など)
> ⑦ 身体の健康について(介護、告知、延命措置など)
> ⑧ 葬儀・お墓について(葬儀、お墓など)
> ⑨ 相続・遺言について(相続関係図、遺言書など)
> ⑩ その他の大切なことについて(写真、各種データなど)

家族のぬくもり、地域のつながり、社会的に弱い人を見守る気持ち…。震災は、私たちが失いつつあったものを、改めて気づかせてくれました。

「防災は本当に難しい」。被災者の方の言葉です。いくら耐震建物にしても、自然の脅威は計り知れません。家族や地域の人たちが、どこまで真剣になって、自分たちの大事な家族や隣人たちを互いに守ろうという気持ちがあるか。最後は愛情の問題なのかもしれません。

Q68 震災に備えて何を準備すればいいのか

地震に備えて、どういったものを準備すればよいのでしょうか。

A

家族や大切な人との連絡方法の取決め、住まい・地域・勤務先・学校などの安全対策の確認、家屋の耐震化、情報の把握方法の確認、非常持出品（一覧表）の準備、帰宅困難者になったときの準備（シミュレーション）、火災保険・地震保険の見直し（加入）などが挙げられます。

解説

「終の棲家」をどこにするか

　高齢者の場合は特に、「自分のいのち・財産は自分で守る」という視点で、避難する必要のない安全な場所に"終の棲家"を移すという究極の震災対策がありますが、現実問題として物理的に可能かどうか、という問題と、本当に安全な場所はあるのか、という問題はあります。これは本当に自己責任で、住まい選びを検討することも選択肢の1つではあります。

自分の住んでいる場所を把握しよう

　安全を求めて転居しないにしても、私たちが今住んでいる場所・地域は、歴史的にみて、どういう場所だったのか。どういう経緯で今に至っているのか。それがわかれば、どういう災害が起こりやすいのかも知ることができるでしょう。たとえば、暴風、豪雨、豪雪、洪水、高潮、地震、津波、噴火などです。

　各公共機関による防災に関する情報提供の内容は、次ページのとおりです。

　地元の地方公共団体の防災対策の内容は何か。地方公共団体のホームページによっては、地震や地盤、地震災害での震度分布や液状化の予測についての情報を提供しているところもあります。

各公共機関のホームページによる防災に関する情報提供の内容

ホームページ名	防災に関する情報提供内容
地方公共団体	地域のハザードマップ
国土交通省	全国のハザードマップ
国土地理院	都市圏活断層図（2万5,000分の1）

　また、町会や地元の高齢者の方々のお話や伝承、直接に地方公共団体や消防署からの情報収集、機会があれば専門家の意見を聞くことも必要です。

　いずれにしても、自分のいのち・財産は自分で守るという強い気持ちと、本書を読んだその日からスタートしようという実行力なくして、震災対策はありえません。

住まいの耐震補強工事をしましょう

　どういう場所であれ"住めば都"です。最低でも、震災対策としてやっておきたいことは、住まいの耐震補強です。

　まず、行わなければならないことは、建物の耐震診断です。耐震診断の方法には、①自分で行う、②地方自治体に依頼して行う、③民間業者に依頼して行う、の3つの耐震診断があります。

　①の方法は、(財)日本建築防災協会が作成した「誰でもできる我が家の耐震診断」を使い、自分で行うことができます。②の方法では、各地方自治体が行う耐震診断の助成制度を利用することができます。この場合は、まず、お住まいの地方自治体にこの制度があるか、また、耐震補強についても助成制度があるか、確かめてみましょう。

　住まいの耐震診断を実施し、強度が足りない場合は、補強工事を行います。費用は150〜200万円くらいかかります。地震で住まいが損壊すると、全壊、半壊にかかわらず、建て直すには2,200万円以上かかります。もし、建て直しをしなくとも、解体・撤去費用に100〜200万円くらい、そして生活が落ち着くまでにやはり100〜200万円くらいの費用がかかります（内閣府平成20年度被災者生活再建支援制度関連調査）。

　こう考えると、耐震補強工事をしたほうが費用もかからず、実施に向けて納

得できるのではないでしょうか。

　ここで注意したいのは、耐震補強工事を行うと、住まいの耐震性は上がるのですが、地震のエネルギーは、その分、室内の家具に向けられ、転倒しやすくなります。ですので、耐震補強工事を行った場合、家具の固定化が一層重要になります。なお、重いタンスなどの家具は、専用の納戸部屋に収納できることが理想です。

　また、耐震補強工事ではないのですが、自宅の敷地、もしくは地域の公共用地に、井戸を造成することは、被災時対策（水の確保）として、有効な手段です。費用はだいたい井戸1基につき約25万円くらいかかります。

住まいの震災対策をしよう

① 　家具等の震災対策をしましょう
- 家具や電気製品（冷蔵庫・テレビ・電子レンジなど）は、転倒・落下防止の器具で固定しましょう。
- 家具転倒防止器具（ジェルタイプがお勧めです）、扉解放防止器具、連結金具、耐震ジェルマットなどがあります。
- 震災時に割れると危険ですので、窓ガラスにはガラス飛散防止フィルムを貼りましょう。
- 高いところに物を置かないようにしましょう。

② 　安全・迅速な避難のために非常時の通路の確保をしましょう
- 廊下や玄関は物を置かず、広く空けておきましょう。

③ 　火災の危険は日頃から取り除いておきましょう
- 日頃から火の取扱いに注意するとともに、防犯面からも家の周りに燃えやすいものを置かないよう心がけましょう。

④ 　マンションの震災対策を確認しておきましょう
- マンションの場合は、管理会社や管理組合によって対応が異なります。自分のマンションでは、どこまで管理会社・管理組合で準備してくれるのか、どこから自分で備えなければいけないのかを確認しておきましょう。
- マンションによっては、水や非常食を保存したり、自家発電装置を備えて

住まいの安全対策チェックリスト

項　目	チェック
①　テレビを壁またはテレビ台に固定するとともに、テレビ台も固定している	
②　テレビが転倒・落下しても、人に当たったり、避難障害にならないところに置いている	
③　冷蔵庫をベルトなどで壁と連結している	
④　冷蔵庫が移動しても、避難障害にならない場所に設置している	
⑤　冷蔵庫や家具類の上に、落下しやすいものを置いていない	
⑥　電子レンジをレンジ台などに固定するとともに、レンジ台も固定している	
⑦　窓ガラスの近くに、大型の家電製品や家具を置いていない	
⑧　家電製品は、付属している取扱説明書に従って店頭・落下防止対策を行っている	
⑨　L型金具を使用する場合は、壁の下地材(間柱など)や柱など、強度がある部分に固定している	
⑩　ポール式を使用する場合は、ストッパー式やマット式と併用している	
（以下続く）	

（※）　東京消防庁ホームページより

いるところもあります。

自分と家族の情報や財産の内容を確認しよう

　被災すると、さまざまな手続を短期間にしなければなりません。そんなときに個人記録や財産目録の一覧表をつくっておくと、安心して手続きを進めることができます。

　また、罹災証明書の発行や保険金の請求のために、罹災前の家屋や家財の写真やビデオなどの記録を残しておくことも効果的です。

事前に家族間の連絡方法を決めておこう

　家族の安全を確認し合うため、災害用伝言ダイヤルなどの連絡方法を確認しておきましょう。いざというときの家族の避難所や避難方法(避難所までのルート)、連絡方法などを日頃から家族でよく話し合っておきましょう。

① 災害用伝言ダイヤル（171）

　安否確認のための声の伝言板として、NTTが行っているサービスです。災害用伝言ダイヤルは、非常時でなくても体験できる日がありますので、ぜひ一度体験しておきましょう。

② 災害用伝言板

　携帯電話をもっていても、災害が起こったときには、通信状態が悪くなるものです。そんなときにぜひ利用したいのが、災害用伝言板です。災害時には、携帯電話は非常に役立つツールですが、電気が使えない状況での充電対策も考えておきたいものです。

　携帯電話や災害用伝言ダイヤルなどで連絡をつけられる人はいいのですが、特に高齢者や子どもとの連絡方法を今のうちに家庭で話し合っておきましょう。帰宅困難者になったときのことも想定して、通勤・通学の際にどの道を通るか、被災時の避難場所も複数個所を決め、家族で確認しておきましょう。

勤務先の震災対策を確認しておこう

　震災は勤務中に起こることもあります。勤務先のある建物の非常用通路や消火器の位置を把握しておきましょう。

　また、震災時に電話が使えない場合でも、連絡が取り合える防災無線を導入したり、水や食料を備蓄している会社もあります。

　会社での避難訓練には可能な限り参加し、会社の防災グッズの準備状況や、どのような安全対策が採られているのかを確認しておきましょう。

わが家の非常持出品を準備しよう

　避難時に必要なものを4段階に分けたリストの例を、次ページに掲げました。目立つ場所に置いておきましょう。

　着替えや動きやすい靴を、風呂敷などに包んで枕元に置いておくとよいでしょう。とっさにもって避難できますし、食器や置物のガラスなどが割れて床に散乱しても、足の裏などのけがを未然に防ぐことができます。

　また、家族や愛する人（ペットも）の写真を、いざというときのために、もっていたほうがよいかもしれません。

非常持出品リスト（例）

【身体を守る装備類】ヘルメット（防災ずきん）、ゴーグル、粉じんマスク、皮の手袋
【第1次持出品(本人用)】防災ベスト、ウエストポーチ、携帯ラジオ、懐中電灯(ペンライト)、携帯電話の充電器、タオル（バンダナ）、包帯（三角巾）、常用薬（お薬手帳）、非常食（ゼリー飲料）、老眼鏡（めがねのスペア）、入れ歯（ケース）、位牌
【第2次持出品（家族の保管用）】リュック、キャリーケース、3日分の水（1人1日あたり3リットル）、3日分の食料（チョコレート、乾パン）、万能ナイフ、缶切り、ハサミ等、救急セット、筆記用具、メモ用紙、ロープ、ビニール袋、プラスティック食器類
【第3次持出品(その他・常備品、1か月分)】トイレットペーパー、ティッシュペーパー、生理用品、紙おむつ（赤ちゃん用・大人用）、シャンプー、リンス、洗剤、米、インスタント食品、調味料、燃料(携帯コンロ、ガスボンベ)、ローソク、マッチ、電池、ビニールシート、お金（小銭、千円札数枚）、運転免許証などのコピー（身分証明用）、近郊の地図

　なお、この非常持出品を用意する前提として、部屋の中の整理整頓をして、本当に必要なものとそうでないものとの仕分けを実行しておきましょう。1分1秒をあらそうときには、命を分ける境界線になるかもしれませんし、これが震災対策の第一歩なのです。

帰宅困難者になるときを想定して備えよう

　東日本大震災の際には、多くの電車が運休となり、帰宅困難者がかなりの人数にのぼりました。このような場合には、まず自分の安全を確保し、状況を確認し、帰宅は落ち着いて考えましょう。また、通勤・通学に普段の交通機関が使えない場合の代替アクセスを自分でシミュレーションしておきましょう。なお、震災時の帰宅支援マップに関する本やウエブサイトなどもあります。

Q69 大地震が起きたときに覚えておきたいこと

地震が起こったら、どのように対応すればよいのでしょうか。

A

地震発生時の場所（自宅、勤務先・学校、お店、屋外など）や、地震の揺れ方（強弱、早い遅いなど）によって、事前に、どのような対応を取ればよいかを、はっきり決めておくことが肝要です。

解説

家の中にいるとき

① 丈夫なテーブルの下や、物が「落ちてこない」、「倒れてこない」、「移動してこない」空間に、姿勢を低くして身を寄せ、揺れがおさまるまで様子をみる。
② 瓦、窓ガラス、看板などが落ちてくるので、あわてて外に飛び出さない。
③ 無理に火を消そうとしない（火の始末は揺れがおさまってから）。

東日本大震災についての被害調査（東京消防庁調べ）によると、建物の高層階（おおむね10階以上）での地震は、上の階ほど揺れが増す「長周期地震動」の影響で、揺れている最中に火の確認に行こうとすると、家具・家電の落下や転倒が起きて、それらの下敷きになったり、けがをする危険性が高まる、という結果が出ています。

東京ガスによると、阪神・淡路大震災の教訓から、1997年にガスマイコンメーター（大地震時にガスの供給を自動的に遮断する機能をもつ）の設置が義務づけられ、全国普及率は99％を超えています。ストーブやファンヒーター類も、転倒と同時に火が消える機能をもつものがほとんどです。火気器具の安全性は飛躍的に高まっているので、揺れている最中に無理に火を消そうとせず、火の

始末は揺れが止まってから行いましょう。
　④　転倒、落下した家具類やガラスの破片などに注意しましょう。
　⑤　揺れがおさまったときに避難ができるよう、窓や戸を開け出口を確保します。
　⑥　避難が必要なときには、電気のブレーカーを切り、ガスの元栓を締めて、安全確認後に避難します。
　⑦　ラジオやテレビ、消防署、行政などから正しい情報を得て、確かな行動をとりましょう。
　⑧　わが家の安全を確認後、近隣の安否を確認しましょう。
　⑨　倒壊家屋や転倒家具などの下敷きになった人を近隣で協力合って、救出・救護します。

屋外（街中）にいるとき
　①　門やブロック塀などには近寄らない（倒壊に注意しましょう）。
　②　看板や割れたガラスの落下に注意します。

自動車運転中
　①　あわててスピードをおとさない。
　②　ハザードランプを点滅させて、周りの車に注意を促します。
　③　急ブレーキはかけず、ゆるやかに速度を落とします。
　④　すみやかに安全な場所に停車し、揺れがおさまるまで車外には出ないようにします。
　⑤　車から離れるときは、キーをつけたまま、ドアをロックしないで降りましょう。

電車・バスなどに乗っているとき
　①　つり革や手すりにしっかりつかまりましょう。
　②　落ち着いて係員の指示に従いましょう。

エレベーターの中にいるとき
　エレベーターに乗っているときは、最寄りの階に停止させ、すぐに下りましょう。

勤務先・お店などにいるとき
① ショーケース・本棚などが転倒するおそれがあるので、できるだけ離れ、座布団やバッグなどで頭を保護しましょう。
② 避難には階段を使い、あわてずに出口へ向かいましょう。

海岸付近にいるとき
① 沿岸部では、大きな揺れを感じたり、津波警報が出されたら、海岸から離れ、高台などの安全な場所にすばやく避難しましょう。
② 津波警報・注意報が解除されるまでは、海岸付近には絶対近づかないようにしましょう。

火災が起こったら
① すぐ周囲の人に知らせると同時に、119番通報します。
② 水や消火器だけでなく、座布団や毛布などを使って早く消火しましょう（出火から3分以内が消火できる限度です）。
③ 火が天井まで燃え広がったら消火できないので、早く逃げます（できれば燃えている部屋の窓やドアを閉めてください）。
④ 逃げるときは、服装や持ちものにはこだわりません。
⑤ いったん逃げ出したら、絶対に戻らないようにします。
⑥ 一時集合場所や避難場所に避難します。

台風・大雨・その他の災害に遭ったとき
① 台風や大雨の襲来時期や規模、雨量などはある程度予測可能です。台風などが近づいたときはテレビやラジオなどの気象情報に注意し、必要な場合はすみやかに避難するようにしましょう。
② 物干し竿や植木鉢などは室内に取り込んでおきましょう。
③ 浸水の危険のある地域では、食料品、衣料、寝具などを上階に移動しましょう。

放射能汚染に遭ったとき
原子力発電所の重大事故等により放射能汚染が発生した場合は、都道府県や市区町村、文部科学省（全国放射能情報）の情報を確認し、避難等の対策を立

て、実行しましょう。

避難勧告や指示が出されたとき

① 避難勧告や指示が出されたとき、または身の危険を感じたときは、指示された避難場所へ避難します。
② 外出中の家族のために、行き先を記したメモを置いておきましょう。
③ ヘルメットや防災ずきん、帽子などで頭を保護しましょう。
④ 家族や隣近所の人と声をかけ合い、グループをつくって避難しましょう。
⑤ 避難グループのリーダーを中心に、常に声をかけ合い、グループの人数を確認するようにします（逃げ遅れたり、迷子になる人を防ぐために）。

避難所に行ったとき

① リーダーの指示に従い、冷静に行動します。
② ラジオやテレビ、消防署、行政などから正しい情報を得て、確かな行動をとりましょう（うわさやデマに振り回されないようにします）。
③ 避難所で決められたルールと秩序を守り、1つの大きな家族の一員として、お互いに協力し助け合いましょう。

Q70 震災時に自宅の被害状況を把握するためには

震災で自宅の被害を受けた場合でも、その被害状況を把握できるようにするためには、どのようなことが必要でしょうか。

A

日頃から、「財産目録」と「資産明細表」を作成し、非常持出袋や貸金庫に、一緒に保管しておくことをお勧めします。また、震災前の住まいの周囲や家の中の家財を、写真やビデオなどに記録しておくと、なおよいでしょう。

解説

「財産目録」と「資産明細表」を作成しましょう。

　震災後、一段落すると、次に来るのが経済的問題です。震災時に財産や現金などが、無防備にガレキなどの下に埋まってしまわないように、あらかじめ「財産目録」を作成し、非常時に備えておくことをお勧めします。「財産目録」は、非常持出袋か、できれば貸金庫に保管しておくことによって、震災による目録の消滅を防ぐことができます。

　「財産目録」は、震災時だけではなく、自分自身の遺言書作成時や、人生に何かあった際の"自分自身や家族への人生ノート（覚書）"として、財産の内容や家族へのメッセージなども書き入れて、今年から年に1回（お正月のときなど）、定期的に作成・見直しておくとよいでしょう。

　次ページに、財産目録（参考例）を、掲載しました。これを参考に、自分で作成してみることをお勧めします。

　また、震災で被害を受けた場合、生活関連資産の被害状況を把握できるように、「資産明細表」も「財産目録」と一緒に作成しておくと、より具体的に身の回りの資産を把握することができます。この明細表を、住宅総合保険（損保）

等を請求する際に提示することは、かなり有効な手段です。

　なお、これらの目録・明細表は、あなたの財産・資産をあらわすものですから、これ自体が貴重な財産です。保管場所等にはくれぐれも細心の注意を払ってください。

　また、貴金属や有価証券、金券は再発行できないので、たとえば銀行の貸金庫に預けるなど、別の方法を考えておくことをお勧めします。

財産目録（参考例）

〇年〇月〇日現在

銀行	支店名	種類	口座番号	名義人名	印鑑	備考
〇〇銀行	〇支店	普通	＊＊＊＊＊＊＊	〇〇〇〇		
△△銀行	△支店	定期	＊＊＊＊＊＊＊	〇〇〇〇		
郵便局		種類	口座番号	名義人名	印鑑	備考
〇〇郵便局		普通	＊＊＊＊＊＊＊	〇〇〇〇		
		定期	＊＊＊＊＊＊＊	〇〇〇〇		
証券会社	支店名	種類	会社名	名義人名	印鑑	備考
〇〇証券	〇支店	株式	（株）〇〇	〇〇〇〇		
××証券	×支店	株式	（株）××			
生命保険		種類		被保険者	連絡先番号	
〇〇生命保険		定期付き終身保険		〇〇〇〇		
損害保険		種類		被保険者	連絡先番号	
〇〇損害保険		住宅総合		〇〇〇〇		
		地震保険		〇〇〇〇		
クレジットカード		番号			連絡先番号	
〇〇カード		＊＊＊＊＊＊＊＊				
△△カード		＊＊＊＊＊＊＊＊				
健康保険		〇〇健康保険組合	記号		番号	
年金		基礎年金番号		＊＊＊＊＊＊＊＊		
パスポート		番号		＊＊＊＊＊＊＊＊		
その他身分証明書				＊＊＊＊＊＊＊＊		
（勤務先ID番号）				＊＊＊＊＊＊＊＊		
不動産		所在地	主所有者	備考		
自宅		〇〇〇〇	〇〇〇〇			
ワンルームマンション						

5　いのち・財産を守る予備知識　　173

資産明細表（参考例）

20××年○月○日現在

種　類	内容（購入価格）	備　考
自動車	20××年新車購入	
貴金属	20××年購入 ダイヤ0.5カラット	
主たる家具	20××年購入	
その他家財	20××年購入	
書籍、骨董	20××年購入 20××年購入	
着物、衣類	20××年購入 20××〜20××年購入	

公的な被害状況の把握について

① 「罹災証明書」の発行を受ける

　罹災証明書とは、内閣府の通達に基づき、市町村が建物の被災状況を現地で調査し、全壊や半壊、一部損壊などに区分して判定、発行する公的書類です。生活再建支援金や災害義援金の受給、災害援護資金の貸付けや国民健康保険料の減免の申請など幅広い手続きに必要となります。東日本大震災の被災自治体の多くは2011年12月で受付けを終了しました。

　「罹災証明書」には、

- 全壊
- 大規模半壊
- 半壊
- 一部損壊

の4段階の区分があります。この区分により、支援制度や優遇措置の内容が異なってきます。後日、不服を申し立てたとしても、一度決定された判定を覆すのは難しいので、自分で被災前の自宅の様子をカメラやビデオなどに収めて、被害状況の把握に努めることをお勧めします。この被害状況の把握は、損害保

険を請求する際にも役立ちます。

なお、損害保険の被害状況の分類には、
- 全損
- 半損
- 一部損

の3段階の区分があります。

損害保険の場合は、損害保険会社の調査員が判定しますので、損害保険の判定と「罹災証明書」の判定は必ずしも一致するものではありません。「罹災証明書」は罹災したことを証明するものです。いろいろなときに証拠として提示する可能性がありますので、必ず発行を受けるようにしてください。

被災状況の判定についての国の指針は、マンションなどの集合住宅については、「原則として1棟全体で判定し、その結果をもって各戸の被害とする(「1棟一括判定」方式)。ただし各戸間で明らかに被害程度が異なる場合は戸別に判定する(「戸別判定」方式)」としています。

内閣府は、東日本大震災後の2011年3月末、迅速な被災判定のため、地震の揺れによる被害では外観からの目視判定を基本とし、津波被害では航空写真で判定できるなどの特例を設けた「簡便な調査方法」を示しています。

実際上は、共有部分など被害が最も大きい階のみの調査結果で、1棟全体の被害を判定します。津波で家が流失した場合も「全壊」と判定されるので、通常の「全壊」と支援金などは同じ額(生活再建支援金＋災害義援金＝200万円)になります(ただし「今後の検討課題」とは内閣府の談)。

宮城県内でも、多くの集合住宅を抱える仙台市などは迅速判定のため「1棟一括判定」方式で、石巻市は「戸別判定」方式です。

② 被災建築物応急危険度判定を受ける

被災建築物応急危険度判定は、地震によって被災した建築物が、その後の余震により倒壊する危険性を判定するもので、倒壊の危険のある建築物には、「立ち入らないように」という、注意を喚起する印として「赤紙」(倒壊の危険あり)が貼られます。一見、大丈夫なように見えて、実は主要構造物が被害を受けて

5 いのち・財産を守る予備知識

いる危険な建築物もありますので、十分な注意が必要です。

　この「赤紙」と「罹災証明書」は違うものです。建築物に赤紙が貼られたからといって被害が証明されたわけではなく、実際の被害額を確定するために「罹災証明書」は別途必要ですので、必ず「罹災証明書」の発行を申請するようにしてください。

③　建物を修繕する際の注意点

　被災した建物を修繕した後に、「罹災証明書」を請求すると、正確な被害額の判定ができず、実際の被害額よりも低く判定される可能性があります。当事者としては少しでも早く修繕したいでしょうが、適切に手続きを進めることが肝要です。

Q71 震災で自宅に住めなくなった
防災集団移転促進事業

震災によって、自宅に住めなくなった場合の救済手段は何かありますか。

A

豪雨や洪水、地震などの自然災害で人が住めなくなった地域の住居を移転させる「防災集団移転促進事業」という制度があります。

解説

防災集団移転促進事業

豪雨や洪水、地震などの自然災害で人が住めなくなった地域や、建築基準法39条で定める災害危険区域のうち、住民の生命、身体および財産を災害から保護するために住居の集団移転を促進することが適当であると認められる区域を設定し、住民の合意の上で移転計画を作成します。移転する住宅は10戸以上（20戸を超える場合にはその半数以上）が対象になっています。移転先の宅地の取得・造成、インフラ整備、住民の移転元の土地の買取りなどの市町村の事業について、国が4分の3を助成しますが、移転先の土地を市町村から買って住宅を建築する費用については国の補助はありません。

2004年の新潟中越地震で27戸を移転させた長岡市では、事業費が4億円を超えました。1991年の長崎県雲仙普賢岳の噴火、2000年の北海道有珠山噴火などでもこの制度が利用され、これまでのべ35自治体、計1,834戸で実施されています。

防災集団移転促進事業の問題点

移転は住民の合意の上で行われるため、移転完了は数年先になります。日本不動産研究所の推計では、津波で家屋が全壊した地域の土地は3割から6割程度下がったとしており、下落した分、住民の費用負担が増すことになります。

現実問題は山積み

　職を失った人も、震災に遭ったからといってずっと働かないで暮らせるわけではありません。震災で職場や家を失った人は、再び生活する基盤となるものが形成されなければ、住み慣れた土地といえども去るしかありません。時間が経過すればするほど、街としての機能は失われていきます。これらをどう食い止めていくかが今後の大きな課題といえます。

津波は甚大な被害をもたらす：宮城県仙台市若林地区

Q72 大震災がもたらす経済停滞リスクを知っておく

大震災が起きたときに想定される経済停滞には、どのようなものがありますか。

A

大震災により電気・ガス・水道が止まり、交通機関もマヒします。その影響でしばらくは通常の生活を取り戻すことができません。したがって、最低限の備えは必要です。

解説

パニックに陥ったときに人が考えること

今回の東日本大震災は、ほとんどの人が生まれて初めて体験するものだったのではないでしょうか。そのような事態に直面すると、人はパニック状態に陥り冷静な判断ができなくなります。まず考えることとして、

① 自分の身の安全の確保
② 周りの人の身の安全の確保
③ 火の始末、機械の停止など
④ 職務の緊急停止
⑤ 家族・組織の安否確認
⑥ 水・食料・燃料等の確保
⑦ 帰宅準備

などが考えられます。

世界に尊敬された日本人の道徳観

海外の災害後のニュース映像で、暴徒化した人たちが街の商店に押し入り略奪をしたり、人を襲ったりする姿が見られ、また救援物資が届いた際には大勢で集まって奪い取っていく光景が見られます。一方、東日本大震災では、目立っ

た略奪行為や傷害事件はみられず、救援物資の支給の際も秩序が保たれ、お互いが助け合う道徳観の高い日本人の姿を海外メディアが尊敬の念をもって伝えたのは記憶に新しいところです。

電気のない生活を思い知らされた東日本大震災

　東日本大震災により被害を受けた福島原子力発電所の操業停止、その後の各地の原子力発電所の安全確認のための操業停止により、電力の供給が極端に低下し、大規模停電に陥るリスクが出てきました。その回避策として電気の供給を一定のエリアごとに停止する「計画停電」が実施され、生活環境が大きく変化したのも記憶に新しいところです。

買い占めは必ず起こる――最低限そろえておきたいものは

　東日本大震災発生時にはガソリンや乾電池、ミネラルウォーター、トイレットペーパー、食料などの生活必需品が一瞬のうちに店から消えました。その教訓から、最低限2週間程度過ごせる程度の備えをしておいたほうがよいでしょう。

Q73 借地・借家に住んでいて震災に遭った場合は

借地の上に住んでいる、または借家に住んでいて、震災に遭った場合の対応は、どのようにすればよいのでしょうか。

A

土地が借地であった場合や、住む家が借家であった場合で、震災に遭って住宅がなくなってしまったときは、借地借家法が適用され、また、罹災都市借地借家臨時処理法が適用されることがあります。

解 説

借地借家法について

借地借家法に基づけば、なくなってしまった自宅が借家の場合、借家権は消滅しますし、土地の上に存する建物を目的とした借地権の場合も、やはり消滅します。これは、あくまでも通常時の対応ですので、これをもって、非常時に適切な対応ができるかという問題があります。

たとえば、被災後も今まで住み慣れた土地に住み続けたいという気持ちをもっている人は多いはずです。

罹災都市借地借家臨時処理法の内容について

「罹災都市借地借家臨時処理法」は、政令で定める火災・震災・風水害その他の災害によって、借家が滅失した場合に適用されるものです。借主側は、新たに建物が建てられた場合、その建物を優先的に借りることができますが、その土地の所有者に、震災前と同じ建物を建てる義務はありません。過去に、日本で起こった震災では、この法律が適用されています。その内容は以下のとおりです。

①　借家が滅失した場合でも、前の借家人は、その土地の所有者に対して、

2年以内に賃借の意思を申し出ることにより、他の者に優先して、その土地を賃借することができます。
② 　借家が滅失した場合でも、前の借家人は、その土地の所有者に対して、2年以内に借地権の譲渡の意思を申し出ることにより、他の者に優先して、その土地の借地権の譲渡を受けることができます。
③ 　借家が滅失した後、その土地の上に建物が建築された場合でも、前の借家人は、最初に建築された建物の所有者に対して、建物の完成前に賃借の意思を申し出ることにより、他の者に優先して、その建築された建物を賃借することができます。
④ 　借地上の建物が滅失した場合でも、借地人は、5年以内にその土地を取得した第三者に対して、建物登記等の対抗要件がなくても、借地権をもって対抗できます。
⑤ 　借地上の建物が滅失した場合でも、借地権の残存期間が10年未満の場合には、10年に延長されます。

Q74 持ち家のリスクと賃貸のリスク

持ち家と賃貸住宅、住むのはどちらがよいでしょうか。

A

持ち家がよいか賃貸がよいか、悩むところですが、その選択は各個人のライフスタイルによって判断するのがよいでしょう。

解説

持ち家と賃貸の比較

　家賃を払うくらいだったらローンを払って持ち家として自分のものにしたほうがよい、とか、老後のことを考えたら持ち家を買っておいたほうがよいという持ち家ニーズは圧倒的に高いものがあります。

　半面、大震災があると、被災した建物、地盤の原状回復リスクがあるから持ち家はいやだとか、自由に転居できる気軽さがよいとか、転勤が多いので賃貸がよいという賃貸のニーズも強いものがあります。では、どこで見極めたらよいのでしょうか。

持ち家のメリット

① 「所有権」を有する安心感
② 住宅ローン返済中であっても、ほとんどの住宅ローンには団体信用生命保険が付いてるので、万一のことがあった場合、これによってローン残債は清算される
③ 自分の所有物なので老後になっても住み続けられる
④ いざとなったら売却して換金できる
⑤ 値上がり益を期待できる場合がある

持ち家のデメリット
① 多額の出金・借入金を要する
② 持ち家が地震等で被災した場合でも住宅ローンの弁済義務が残る
③ 将来の経年劣化による修繕支出が増加する
④ 固定資産税が高い
⑤ 値下がりリスクがある

賃貸のメリット
① 気軽に転居ができる
② 家族構成や転勤など、ライフスタイルに合わせて住宅環境を変化させることが可能

賃貸のデメリット
① 計画的な貯蓄がないと、老後の住まいに困る
② 間取りや仕様が一律で建物の魅力が乏しい

見極めのポイント

持ち家か賃貸か、それぞれ一長一短です。「得か損か」ということよりも、ご自身の性格や価値観、ライフスタイルなどを基準に考えてみてはいかがでしょうか。

■付録／震災対策チェックリスト

（※1）　本書の内容をチェックリストにしました。あなたの住まいの震災対策の目安にしてください。
（※2）　各章のチェック数が、
- 8割以上…あなたの対策はほぼ万全です
- 7〜4割程度…気になる点について、本書を見直しましょう
- 3割以下…本書を再読し、今すぐ何らかの対策を講じましょう

【第1章　戸建て住宅を守る】

項　目	✓	参照
● どのような土地が地震に弱いかわかっている		Q1
● 自宅の土地が以前どのように使われていたか知っている		Q2
● 測量することの意味を理解している		Q3
● 自宅の敷地に境界杭があるか調べたことがある		Q4
● 自宅の固定資産税の課税面積と実測面積を把握している		Q5
● 地盤のよしあしと不動産価格の相関関係を理解している		Q6
● 地盤の安全性の基準を知っている		Q7
● 液状化とはどういう現象なのか説明できる		Q8
● 傾いた土地に住み続ける弊害を理解している		Q9
● 建築基準法の軟弱地盤についての規定を理解している		Q10
● 木造住宅の土台の役目と種類について知識をもっている		Q11
● 耐震基準の改正について理解している		Q12
● 自分でできる耐震診断をやってみようと思っている		Q13
● 家具や棚の正しい固定方法を知っている		Q14
● 電気・ガスの地震時の対応を理解している		Q15
● 家庭用蓄電池、雨水利用についての知識がある		Q16
● 建物（土地）の権利証がどこにあるかわかっている		Q17
● 現在の近所づきあいは良好だと思う		Q18
● 耐震改修したときの税金の優遇規定を知っている		Q19
● 震災で被害を被ったときの税金の減免制度を理解している		Q20
● 東日本大震災により制定された臨時特例法を理解している		Q21
● 地震保険に加入するメリットを理解している		Q22
● 地震保険以外の震災に関する保険の知識をもっている		Q23
● 住宅ローン返済中に震災に遭った場合の救済措置を理解している		Q24

項　目	✓	参照
●震災で家が倒壊するリスクを回避する方法を理解している		Q25
●震災後に住宅を再建する場合の融資制度を知っている		Q26
●震災後に住宅を再建する場合の支援制度を知っている		Q27
●被災した場合の公的支援について知識がある		Q28

【第2章　分譲マンションを守る】

項　目	✓	参照
●自宅マンションの土地の測量が済んでいるか知っている		Q29
●分譲マンションの地盤の安全性を理解している		Q30
●鉄筋コンクリート造の建物の基礎について知識がある		Q31
●どういう形式のマンションが地震に弱いかわかっている		Q32
●マンションの耐震性を確かめる方法を知っている		Q33
●住んでいるマンションの管理組合は頼りになると思っている		Q34
●住んでいるマンションの管理会社は頼りになると思っている		Q35
●被災マンションを補修・建替えするときの決議について知っている		Q36
●同じマンションの住人とつきあいがある		Q37
●マンションぐるみの防災対策ができている		Q38

【第3章　賃貸経営を守る】

項　目	✓	参照
●土地区画整理事業と市街地再開発事業について知識がある		Q39
●鉄骨造の建物の基礎について知識がある		Q40
●古いマンションのウィークポイントを理解している		Q41
●賃貸住宅の耐震性を確かめる方法を知っている		Q42
●リノベーションについて説明できる		Q43
●賃貸マンションのオーナーとして入居者の顔がよくわかっている		Q44
●今後の賃貸経営についてのアイデアをもっている		Q45
●高齢者ケアについて管理会社がやるべきことがわかっている		Q46
●サービス付き高齢者向け住宅の制度を理解している		Q47
●震災後の収益不動産の動向がわかっている		Q48
●震災時に頼りになる管理会社の条件を理解している		Q49
●事業者が被害を被った場合の税金の減免制度を理解している		Q50
●賃貸住宅が被災したとき借家人との契約がどうなるかわかっている		Q51

【第 4 章　いのち・財産を守る】

項　目	✓	参照
●現況測量と確定測量の違いを説明することができる		Q52
●不動産登記の意味を理解している		Q53
●借地の特徴と震災対策を理解している		Q54
●震災に対して危険性の高い土地が今後どうなるのかわかっている		Q55
●不同沈下と液状化がどう違うのか説明できる		Q56
●液状化リスクが不動産価格にどう影響するのかわかっている		Q57
●建物診断をどういう会社に依頼すればよいのかわかっている		Q58
●震災が不動産需要にどのような影響を与えるのか関心がある		Q59
●災害時の高齢者にとって何が一番大切かわかっている		Q60
●親の人間関係を把握している		Q61
●地域のサークルやボランティアに積極的に参加している		Q62
●災害時には元気な高齢者のほうがあぶない理由がわかっている		Q63
●最寄りの高齢者の相談窓口を知っている		Q64
●大震災に遭ったことで相続について考えるようになった		Q65
●万一に備えて遺言書をつくってある		Q66
●震災に備えて日頃から心がけていることがある		Q67
●震災に対する備えは万全だ		Q68
●大地震が発生したときの対応について理解している		Q69
●震災に備えて自分の財産目録や資産明細をつくってある		Q70
●防災集団移転促進事業について知識がある		Q71
●大震災がもたらす経済停滞リスクを理解している		Q72
●借地や借家に住んでいる場合の震災対策がわかっている		Q73
●持ち家と賃貸のメリットとデメリットを理解している		Q74

■編著者紹介（五十音順）

秋山 英樹（あきやま・ひでき）…Q12、32、41、43執筆

一級建築士事務所(株)ユニ総合計画代表取締役、不動産コンサル21研究会代表。一級建築士、不動産コンサルタント、日本建築家協会登録建築家、日本建築学会正会員。武蔵工業大学工学部建築学科卒業。東京藝術大学大学院建築研究科修了。村田政真建築設計事務所を経て、現在に至る。建築実務家として住宅設計をはじめ、土地活用にからむ建築企画・不動産コンサルから建物の設計・監理までを行い、いわば事業コンサル型の建築家といえる存在。地主や建設・不動産業者等の専門家向けの各種講演会の講師として活躍中。また、現在「IC21」という女性インテリアコーディネーター100人の集団を組織化し、"生活提案"からの企画・設計やリフォーム分野にも力を注いでいる。【主著】『実践・不動産事業の企画提案』清文社、『定期借地権マンションは得か損か』住宅新報社、『建築リフォームの実務と企画提案』(監修)日刊建設通信新聞社、『建築費のヒミツ』PHP研究所、『定期借家権・実践ガイドブック』(共著)清文社、『不動産事業収支の計算手法』綜合ユニコム、『実践・賃貸住宅の企画と建設知識』週刊住宅新聞社、『実践・建築事業の企画提案』清文社、『都市開発の法律実務』(共著)清文社、『空室ゼロにするリフォーム＆リノベーション』週刊住宅新聞社、『トラブル回避！事業用借地契約書のつくり方』(共著)清文社、『空室ゼロをめざす【使える】定期借家契約の実務応用プラン』(共著)プログレス

阿部 達明（あべ・たつあき）…Q22～24、26～28、36、67～70、73執筆

インキュベーションハウス(有)カウンセリング室長。元(財)不動産流通近代化センター主事、ぶきっちょの会代表、日本FP学会会員、1級ファイナンシャル・プランニング技能士（厚生労働省認定）、CFP、キャリア・カウンセラー、宅地建物取引主任者、賃貸不動産経営管理士、住宅ローンアドバイザー、NPO法人日本ライフキャリア協会認定カウンセラー、市川南まちづくり協議会会員、山形名物「芋煮」作り名人マスター。1961年、宮城県仙台市生まれ。1986年、明治大学政経学部卒業。1986年、現三井住友銀行入行。1991年、(財)不動産流通近代化センター入社、2011年、現職。近代化センターでは主に不動産教育・指導・育成　不動産コンサルティング制度の教育開発、総合情報誌「不動産フォーラム21」の創刊・編集責任者、賃貸不動産管理業の制度的枠組み（法制度等）づくりの調査検討推進、行政・業界の折衝、不動産業におけるマネーロンダリング・反社会的勢力防止のための業内のルールづくりを行う。現在、「例外なく誰もが自然に認め合える器の広い社会をつくる！」をミッションに、物心両面のライフサポートを行っている。

遠藤 雅志（えんどう・まさし）…Q6～10、30、34、35、48、49、55、57～59、71執筆

　（株）リアルプロ・ホールディングス代表取締役社長。CPM®（不動産経営管理士、全米不動産管理協会認定）、マンション管理士、ファシリティマネジャー、宅地建物取引主任者、2級FP技能士（AFPファイナンシャルプランナー）、福祉住環境コーディネーター、管理業務主任者、消防設備士、消防設備点検資格者、電気工事士、ビル経営管理士、防火管理者、建設業経理事務士といった不動産および建設関連の資格を複数所有。1990年、上場中堅建設会社に入社。現場・経理・建築営業等に従事後、信託銀行不動産コンサルティング部門に出向。2003年、同建設会社に戻りプロパティマネジメント事業を立ち上げる。2007年4月、ホテルを主体とするファンドを組成する投資顧問会社の専務に就任。2010年、（株）リアルプロ・ホールディングス設立。投資顧問会社の破綻により、手がけたファンドの終戦処理等を行う。現在、「中小企業にも不動産シンクタンク機能を！」を掲げ、統計資料や不動産に関するデータ、書式等を不動産会社や不動産鑑定士等に提供するビジネスを展開中。【主著】『ホテルの常識を変えるコロンブスの卵』ダイヤモンド社、『不動産証券化ビジネス参入戦略実務資料集』総合ユニコム等

菊地 則夫（きくち・のりお）…Q19～21、25、50、51、65、66、72、74執筆

　税理士法人東京シティ税理士事務所パートナー税理士。税理士、行政書士、宅地建物取引主任者。成城大学経済学部卒業。日本大学大学院法学研究科卒業。1995年4月、東京シティ法律税務事務所勤務。2003年、税理士法人東京シティ税理士事務所に組織変更。同年より税理士法人無限責任社員。（財）不動産流通近代化センター専任講師、（社）全国宅地建物取引業協会講師、不動産コンサルティング協議会委員、賃貸不動産経営管理士協議会講師、読売新聞社セミナー講師。「不動産仲介業、不動産賃貸業、建物建築業その他不動産を取り扱う業務に携わる皆さま、ならびにそのクライアントである皆さまにとって"使える"ビジネスパートナーとなるよう、日々精進しています。昨今では相続対策として、老後の介護費用捻出の手段として不動産賃貸が注目されていますので、不動産税務のニーズがますます高まっているのを実感しています。皆さまに有効かつ有益な情報を提供し続けたいと思っています。」【主著】『アパート・マンション経営がぜんぶわかる本』あさ出版、『相続の手続きと節税がぜんぶわかる本』あさ出版

小嶋 勝利（こじま・かつとし）…Q38、45〜47、60〜64執筆

(株)ASFON スーパーバイザー。神奈川県出身。日本大学卒業。大手不動産会社勤務などを経て、日本シルバーサービス入社。介護付き有料老人ホーム「桜湯園」にて介護職、施設長、施設開発企画業務に従事する。2006年、同社を退職。同社元社員らと有料老人ホームに対するコンサルティング会社(株)ASFONを設立。2010年、有料老人ホーム等の紹介センター大手の(株)みんかいをグループ化し、有料老人ホーム等に対する入居者の募集から運営まで一貫したコンサルティング体制を可能にする。また、今までのコンサルタントとしての経験を基に、月刊「日経ヘルスケア」に「人から変える介護経営」を連載中。

櫻井 泰行（さくらい・やすゆき）…Q11、13〜16、18、31、33、37、40、42、44、56執筆

(有)タイコー一級建築士事務所代表取締役。一級建築士、米国カリフォルニア州建築家、CASBEE建築評価員、防火対象物点検資格者、福祉住環境コーディネーター、米国環境保護庁認定アスベスト除去設計資格、アメリカ建築家協会正会員、神奈川県建築士会正会員。武蔵工業大学工学部建築学科卒業、南カリフォルニア大学大学院建築専攻修了。ロサンゼルスにて設計事務所勤務・黒川紀章建築都市設計事務所を経て、2002年、(有)タイコー一級建築士事務所設立。住居・商業・宿泊・教育施設等の建築設計に加え、再開発、エリアマネージメント、景観整備、商店街の活性化、空き不動産の再活用などまちの活性化に寄与する業務にも積極的に取り組んでいる。

嶋田 康二（しまだ・こうじ）…Q1〜5、17、29、39、52〜54執筆

嶋田土地家屋調査士事務所代表。土地家屋調査士、測量士補、民間紛争解決代理認定、簿記3級、ITパスポート資格取得。1989年、上智大学文学部社会学科卒業。同年、埼玉銀行入行。1992年、嶋田土地家屋調査士事務所入所。1995年、土地家屋調査士試験合格。2003年、同事務所の代表に就任。2007年、目黒区に事務所移転。同年、民間紛争解決代理認定取得。「銀行融資業務の中で住宅ローンを担当し、不動産登記制度の現実とそのダイナミズムに触れ、その後父親の経営する土地家屋調査士業を生業と定めました。約20年のキャリアの中で建物表題登記は1,500件以上、自ら担当した土地境界確定手続きは200件以上を手掛けました。近年増加している土地境界の紛争を迅速かつわかりやすく解決する方法を日々検討しています。現在は"土地境界の健康診断"というメニューを組んでトラブルの類型をわかりやすく伝え、解決に対する新しい指標を提示しています。同業者向けにシステム導入コンサル、技術手続きの標準化指導をしています。」

不動産コンサル21研究会（ふどうさんこんさるにじゅういちけんきゅうかい）

建築士、税理士、不動産コンサルタント、ファイナンシャルプランナー、土地家屋調査士、高齢者コンサルタント、弁護士など、不動産分野における専門家が集まった研究会。各メンバーが情報を共有して連携をとるため、別々の専門家に相談するわずらわしさがなく、効率的かつ安心してご相談いただけます。
当初のご相談は無料ですので、下記アドレスあてお気軽にご連絡ください。
ホームページ：http://www.fcon21.net
メールアドレス：info@fcon21.net

不動産・住宅のプロが教える！
あなたの住まいの震災対策 Q&A

2012年3月11日　発行

編著者	不動産コンサル21研究会　Ⓒ
発行者	小泉　定裕
発行所	株式会社　清文社 東京都千代田区内神田1-6-6（MIFビル） 〒101-0047　電話 03(6273)7946　FAX 03(3518)0299 大阪市北区天神橋2丁目北2-6（大和南森町ビル） 〒530-0041　電話 06(6135)4050　FAX 06(6135)4059 URL http://www.skattsei.co.jp/

印刷：亜細亜印刷㈱

■著作権法により無断複写複製は禁止されています。落丁本・乱丁本はお取り替えします。
■本書の内容に関するお問い合わせは編集部までFAX（03-3518-8864）でお願いします。

ISBN978-4-433-58161-9